バンクビジネス別冊

図解
住宅ローンの手続き
&チェックポイント

バンクビジネス編集部 [編]

近代セールス社

はじめに

　住宅の購入は、人生において大きな意味を持ちます。結婚や出産、子供の進学、定年退職といったライフイベントに関わるうえに、高額である土地や建物は人生の中で最も大きな買い物といえ、大きな決断を伴います。

　住宅を購入する場合は、一般的に自己資金のみでまかなうことは少なく、住宅ローンが広く利用されます。住宅ローンはお客様の資金繰りを助けるものですから、それを取り扱う金融機関の担当者は責任重大といえるでしょう。

　担当者は、住宅ローンの知識や手続きを習得し、お客様が問題なく住宅を購入できるよう状況に応じて対応することが最も重要になります。

　本書では、住宅ローンの基本的な手続きや住まい別の手続き・流れ、ケース別の対応法などを解説しています。また、手続きで必要な書類の見方をサンプルとともに紹介しているので、ポイントや留意点がひと目で分かるようになっています。

　ぜひこの１冊で住宅ローンの手続きを理解していただき、適切かつ的確な対応を行ってください。お客様の信頼を得て、息の長い取引である住宅ローンの獲得につなげましょう。

バンクビジネス編集部

目次

Part1 ●住宅ローンの基本的な手続き

1. 住まい別で学ぶ手続き＆流れ ………………………………………………… 6

★購入物件の状況に合わせて対応しよう ……………………………………… 6

①完成済みの新築物件の場合 ………………………………………………… 8

②土地を購入し建物を建てる場合 …………………………………………… 12

③完成予定の新築マンションの場合 ………………………………………… 16

④中古住宅の場合 ……………………………………………………………… 18

⑤住替えの場合 ………………………………………………………………… 20

2. サンプルで学ぶ必要書類の見方 …………………………………………… 24

①源泉徴収票 …………………………………………………………………… 24

②住民税決定通知書 …………………………………………………………… 26

③課税証明書 …………………………………………………………………… 28

④確定申告書 …………………………………………………………………… 30

⑤見込収入証明書 ……………………………………………………………… 32

⑥不動産売買契約書 …………………………………………………………… 34

⑦重要事項説明書 ……………………………………………………………… 36

⑧工事請負契約書 ……………………………………………………………… 40

⑨（建築）確認済証 …………………………………………………………… 42

⑩検査済証 ……………………………………………………………………… 44

⑪不動産登記簿 ………………………………………………………………… 46

⑫公図 …………………………………………………………………………… 48

⑬住宅地図 ……………………………………………………………………… 50

⑭測量図 ………………………………………………………………………… 52

⑮住宅のチラシ（広告） ……………………………………………………… 54

⑯間取図と立面図 ……………………………………………………………… 56

2

⑰（諸費用の）見積書 ……………………………………………………… 58

⑱住宅ローン申込書 ………………………………………………………… 60

⑲建物建築計画書 …………………………………………………………… 62

⑳団信の申込書 ……………………………………………………………… 64

Part2 ●住宅ローン手続き Q&A

①変動金利と固定金利の説明 ……………………………………………… 68

②元利均等・元金均等返済の説明 ………………………………………… 70

③返済計画の立て方のアドバイス ………………………………………… 72

④保証料の説明 ……………………………………………………………… 74

⑤団体信用生命保険の説明 ………………………………………………… 76

⑥繰上げ返済の説明・アドバイス ………………………………………… 78

⑦住宅ローン控除の説明 …………………………………………………… 80

⑧すまい給付金の説明 ……………………………………………………… 84

⑨リフォームローンの対応 ………………………………………………… 86

⑩勤続年数が短いお客様への対応 ………………………………………… 88

⑪夫婦で組む住宅ローンの取扱い ………………………………………… 90

⑫２世帯住宅への対応 ……………………………………………………… 92

⑬定年退職者への対応 ……………………………………………………… 94

⑭建替資金への対応 ………………………………………………………… 96

⑮物件が接する道路の確認 ………………………………………………… 98

⑯登記と実測が異なる場合の対応 ………………………………………… 100

⑰事前審査と正式審査 ……………………………………………………… 102

⑱事前審査後の条件変更 …………………………………………………… 104

⑲業者を通じた申込みへの対応 …………………………………………… 106

⑳新規業者が来店した場合の対応 ………………………………………… 108

㉑借換相談への対応 ………………………………………………………… 110

3

Part1
住宅ローンの
基本的な手続き

1．住まい別で学ぶ手続き＆流れ

★購入物件の状況に合わせて対応しよう

金融機関における住宅ローンの手続きは様々ありますが、基本的な手続きを挙げると、㋐借入相談の対応→㋑事前審査→㋒正式審査→㋓金銭消費貸借契約の締結→㋔住宅ローンの実行という流れで進められます。ここでは、㋐〜㋔について簡単に見ていきましょう。

㋐借入相談の対応

　お客様の購入希望物件の内容の他、ライフプランや想い、考えなどを聞き取って、お客様の状況に応じて住宅ローンに関するアドバイスを行います。この段階で、お客様の信頼を得ることができれば取引獲得の可能性が高まります。

㋑事前審査

　事前審査では、お客様の属性や家族構成、年収などを把握し、返済能力を確認します。また、担保となる不動産の内容・状況もチェックします。事前審査に通っても、正式審査で否認されることや条件付きでの承認になること等の可能性をお客様に説明しておくとよいでしょう。

㋒正式審査

　正式審査では、事前審査と同じように収入面・物件面を評価しますが、承認するかどうかの最終チェックになるので必要な書類を集めて、検討・判断します。

㋓金銭消費貸借契約の締結

　正式審査が通ったら、金銭消費貸借契約をお客様との間で締結します。こ

の段階で、抵当権設定契約書・委任状などの書類もそろえることが必要です。

⑦住宅ローンの実行

実行日に、住宅ローンを実行します。と同時に、抵当権設定登記がなされ、その内容を不動産登記簿等で確認することが必要です。

以上のような基本的な手続きを押さえておくことが第一歩です。

●必要書類やプロセスなどは当然に変わる

ただし、住宅ローンは、物件の形態・状況によって手続きが異なります。例えば完成済みの新築物件を購入する場合、土地を先に購入して住宅を建てる場合、完成予定の新築マンションを購入する場合などがあります。購入物件の選定・決定や物件の売買契約、引渡しなどのタイミングが異なることから、プロセスや提出してもらえる書類が変わることもあります。

担当者としては、こうした違いを把握したうえで、お客様の状況に応じて的確かつ迅速に対応しなければなりません。

次のページからは、住まい別に手続きと流れを紹介しています。ぜひ参考にして対応してください。

①完成済みの新築物件の場合

ポイント
- 売買契約の内容と物件に相違がないか確認
- 物件の引渡日をしっかり確認してそれに間に合わせるように審査・手続きを進める

完成済みの新築戸建（建売住宅）や新築マンションをお客様が購入する場合の住宅ローン手続きは、最も基本的な流れになるといえます。

　一般的な手続きの流れとしては、まず金融機関が事前審査を行った後に、お客様が不動産業者と売買契約を結びます。以降は、正式審査の申込み→審査承認の連絡→金銭消費貸借契約→司法書士への登記書類受渡し・住宅ローン実行（同日に抵当権設定）という流れとなります（案件によっては、事前審査を行わずに売買契約後、正式審査を行うケースもある）。

　この流れを踏まえると、お客様が不動産業者と売買契約を結んだ後に、正式審査で融資を否認されることもあり得ます。そこで、お客様と不動産業者の間の契約には「ローン条項」が設けられることが一般的です。

　ローン条項とは、当該期日までに融資の承認が得られなければ、お客様はペナルティなく契約を白紙にできる特約のことです。金融機関としては、この期日の前までに審査を終わらせる必要があります。

●まずは売買契約書の内容をしっかり確認

Ⓐ必要書類とチェックポイント

　必要書類としては、まず「売買契約書」が挙げられます。ここでは契約金額、ローン条項、物件の引渡時期、物件内容（所在地・地積・床面積など）

を確認します。また、不動産売買契約を結ぶ際に交付が義務付けられている「重要事項説明書」も取り受け、接道内容や契約時の受入書類等をチェックします。

そのほか、新築戸建・新築マンションに応じて、次のような書類も必要になります。

⑦新築戸建で必要な書類

新築戸建の場合は「土地」と「建物」に分けてチェックすることが必要です。土地については「全部事項証明書（私道を含む）」を取り受け、売買契約書の地積と相違ないか、売主と現所有者が一致しているか等を確認します。公図・地図では所在・接道等を確認します。

建物については、まず建築確認済証で、建築許可内容、延床面積・容積率・建ぺい率等を確認します。さらに地積測量図・平面図・配置図を取り受け、地積・延床面積・建築面積が売買契約書・建築確認済証の記載と一致しているか確認しましょう。

⑦新築マンションで必要な書類

新築マンションの確認書類としては、まず「販売価格表」があります。これで販売額が実勢価格に見合ったものかを確認します。

概要表・間取図も取り受け、マンションとして適切な総戸数であるか、各戸は住宅として考えられる間取りかなどを見ます。

●物件引渡日が住宅ローンの実行日となる

⑧資金繰りスケジュールと留意点

完成済みの新築戸建や新築マンションを購入する場合、お客様は売買契約時に手付金（頭金）を支払い、物件引渡日に残代金を支払います。この物件引渡日が住宅ローン実行日となりますから、それに間に合うよう審査を進め

る必要があります。

　もし相談を受けた時点で、審査が間に合わないような場合は、お客様のほうから不動産会社に相談してもらい、スケジュール調整が可能か確認してから、審査を進めましょう。

Ⓒ対応のポイント

　お客様が物件を不動産業者を通して購入するときには、不動産業者との連携も不可欠となります。事前審査を受け付けた段階で、お客様から不動産業者の連絡先や担当者名を聞いておきましょう。不動産業者としては少しでも早く物件を売りたいため、金融機関担当者もできるだけ早く対応する旨を伝え、協力できる関係を作っておきます。

　そうすることで、審査中に追加書類が必要となった場合や融資実行日の変更等について、対応してもらいやすくなるからです。

●完成済み物件のローン手続きの流れとポイント

Step1 **住宅ローンの借入相談の対応**
・完成物件の引渡予定日を確認。金利や事前審査について案内する

Step2 **事前審査**
・必要書類を取り受け、事前審査を行う
・結果が出ればお客様に連絡し、正式申込みの案内を行う

　●主な必要書類●
　・事前審査申込書　　・物件のチラシやパンフレット
　・本人確認書類
　・健康保険証　　・源泉徴収票など収入が分かる書類

Step3 **お客様が不動産業者との間で売買契約を締結**

> Part1 　住宅ローンの基本的な手続き

Step4　住宅ローンの正式審査
- 正式審査に必要な書類を取り受け、金融機関・保証会社で審査
- 書類に漏れがないよう必要書類の一覧表等を提示し説明を行う
- 追加で書類が必要になったり、審査が長引いたりしたときでも対応してもらえるよう不動産業者との連携も重要

　●主な必要書類●
　・源泉徴収票および住民税決定通知書もしくは確定申告書
　・納税証明書
　・不動産売買契約書　・重要事項説明書　・不動産登記簿
　・公図など　・住民票の写し（家族全員記載）

Step5　正式審査の結果の連絡
- 正式審査に通れば住宅ローン契約の締結に進む
- 引渡日や借入金利の最終確認、火災保険の案内等を行う
- 不動産業者や司法書士とも連絡を取り、日程を確認

Step6　金銭消費貸借契約の締結
- 必要書類を漏れなく用意してもらう
- 金銭消費貸借契約証書などを作成し、お客様に署名捺印してもらう
- 住宅ローン実行日を案内する
- 契約書の印紙税やローン事務手数料について案内する

　●主な必要書類●
　・住宅ローン借入申込書（本人自筆）
　・売買契約時に交付された書類
　・個人情報に関する同意書　・団体信用生命保険申込書兼告知書
　・印鑑登録証明書

Step7　住宅ローンの実行および抵当権の設定
- 一度お客様の口座に融資金を入れてから振込で売主に入金
- 司法書士に登記関係書類を渡し、同日に抵当権を設定してもらう
- 登記等に必要な費用を受け取る

Step8　お客様の入居・登記完了後の確認
- 抵当権が正しく設定されたか不動産登記簿で確認
- 金融機関・司法書士から関連書類を送付

②土地を購入し建物を建てる場合

ポイント
- **まだ完成していない建物については、工事請負契約書や建築確認済証を見て審査**
- **融資実行が複数回にわたるので注意する**

土地を購入して、新たに住宅を建てる場合、最初に土地の売買契約・決済が行われ、それから建物の建築が始まります。通常、土地の引渡しから建物の引渡しまでに数ヵ月以上の期間を要します。

　お客様がどの段階で借入資金が必要となるのかによって、融資の実行スケジュールも異なります。ここでは、土地の購入資金および建物の建築資金を貸し出す際の対応を見ていきます。

●まだ完成していない建物を審査するために…

Ⓐ必要書類とチェックポイント

　まず土地については、土地の全部事項証明書（私道を含む）を取り受け、売買契約書の地積などと相違ないか、売主と現所有者が一致しているか等を確認します。重要事項説明書では、接道内容や重要事項の内容、契約時の受入書類等をチェックします。

　まだ完成していない建物を確認するための書類としては、工事請負契約書があります。ただしこの段階では、建築請負会社と工事請負契約を結んでいないこともあります。この場合は見積書で代用し、工事金額や見積りの内容に不自然な点はないか確認します。後日、必ず工事請負契約書を取り受けましょう。

Part1 住宅ローンの基本的な手続き

建築予定の建物が適法であることを証明する建築確認済証も取り受け、延床面積・容積率・建ぺい率をチェックします。また、建物の平面図・配置図等も見て、地積・延床面積・建築面積が契約書、建築確認済証に記載されている内容と一致しているか確認します。

●建築代金の支払時期をしっかり把握しておく

⑧資金繰りスケジュールと留意点

　土地を先行して購入する場合、土地売買の仲介業者と建築請負会社が別会社となることも多く、建築代金の支払時期には相当注意が必要になります。代金支払いとその割合としては、次のような２パターンが考えられます。

㋐土地決済＋建物頭金（１割）→建物着工時（３割）→建物上棟時（３割）→建物引渡時（３割）

㋑土地決済＋建物頭金（１割）→建物引渡時（９割）

　一般的には㋐のパターンが多く、この場合の融資実行スケジュールとしては、土地決済日に１回目の実行、建物着工日に２回目の実行、建物上棟時に３回目の実行といった具合に、貸出を分けて実行することになります。

　抵当権については、実行するたびに土地に設定を行い、建物引渡時に最終実行分の抵当権設定を土地に、そして建物にはこれまで実行した融資４本分の抵当権設定を行うことになります。

　登記する回数が多い分、登記費用が割高になりますので、しっかり説明しておきましょう。

　また、別のパターンとして、土地決済日に１回目の融資実行、建物着工日に建物代金すべてを融資実行したうえで、建物上棟時・建物引渡時の代金分は預金口座にプールしておき、その後は支払いの都度、振込を行うという方法もあります。

この場合は融資実行が２回で済み、抵当権設定も２本分で済みますが、お客様からみれば２回目の実行後には建物の完成がまだなのに借入金全額分の返済が始まりますので、注意しましょう。

●建築設計を変えた場合は再審査が必要なことも

©対応のポイント

途中で建築設計を変えたり、建築請負会社を選び直したりすることが少なくありません。これが審査前であれば問題ありませんが、審査後に建築予定の建物に変更が生じた場合、再審査が必要となることもあります。お客様には、建築計画を変更した場合、再審査の必要が出てくる可能性がある旨をしっかりと伝えておきましょう。

また、建物の見積額が増えたり、引っ越しまでの費用がかさんだりすることも考えられますので、余裕を持った資金計画を促しましょう。

●土地・建物のローン手続きの流れとポイント

Step1 **住宅ローンの借入相談の対応**
・土地代金から借入れが必要なのか等、借入内容を確認する
・土地購入代金・建物建築資金の両方が必要な場合、合計額で申込みを受ける

↓

Step2 **事前審査**
●主な必要書類●
＜土地＞不動産登記簿など
＜建物＞・工事見積書　・工事請負契約書など

↓

Step3 **お客様が不動産業者と「土地」の売買契約、「建物」の工事請負契約を締結**

↓

Part1 住宅ローンの基本的な手続き

Step4 住宅ローンの正式審査
- 建物完成前なので、不動産業者の信用度や土地の担保余力などを十分に検討する
- 建築確認済証が間に合わない場合、その旨を保証会社に連絡
- 審査後に建築設計や建築請負会社を変更する場合、再審査の可能性があることを説明

> ●主な必要書類●
> ・土地売買契約書　・重要事項説明書
> ・建築確認申請書　・建築確認済証 など
> ・お客様の属性や年収に関する書類は11ページの図表と同様

Step5 正式審査の結果の連絡

Step6 土地・建物購入資金の金銭消費貸借契約締結
- 金銭消費貸借契約証書で契約締結

> ●主な必要書類●
> ・金銭消費貸借契約証書　・抵当権設定契約書
> ・抵当権設定委任状　・建物完成後追加担保に関する念書

Step7 土地の引渡し(ローン実行1回目=土地代金の支払い)
- 審査段階で提出が間に合わなかった建築確認済証等書類を取り受ける
- 所有権移転と抵当権設定の登記を行う

Step8 建物着工(ローン実行2回目=建物建築代金の支払い)
- 土地に抵当権の設定を行う

Step9 建物上棟(ローン実行3回目=建物建築代金の支払い)
- 検査済証の確認を行う
- 土地に抵当権の設定を行う

Step10 建物引渡し(ローン実行4回目=建物建築代金の最終支払い)
- 土地と建物に抵当権の設定を行う

Step11 お客様の入居・登記完了後の確認

※完成済みの新築物件とは異なるポイントを優先的に記載している
※建築資金の融資実行回数は異なることもある

③完成予定の新築マンションの場合

ポイント
- 審査は販売用パンフレット等で行う
- 実際の融資実行は建物完成後となる。いつの金利が適用されるか等をしっかり説明

完成前に販売が始まり、完成・入居するのは半年から1年以上先となる新築マンションの場合、事前審査は販売用パンフレットや住宅地図、物件案内図などを参考に、物件のない状態で行います。そして実際に住宅ローンを実行するのは、物件完成後となります。

Ⓐ必要書類とチェックポイント

　マンション完成前なので、事前審査では販売用パンフレット等を取り受け、マンションの性能等を確認します。正式審査では売買契約書や重要事項説明書も取り受け、物件明細や引渡時期、手付金・残代金などの支払時期の確認も行います。

●登記が可能になったら住宅ローンを実行

Ⓑ資金繰りスケジュールと留意点

　売買契約時にお客様は物件価格の10%程度の手付金を支払わなければなりません。この手付金について融資できるケースもありますが、お客様自身に準備してもらうのが基本です。

　住宅ローンの契約締結・実行は正式審査が通った後、マンションが完成し、登記ができるようになってからになります。

Ⓒ対応のポイント

Part1 住宅ローンの基本的な手続き

　審査から実際に住宅ローンを実行するまで、相当な時間が経過していることもあります。お客様の属性が変われば再審査を行う可能性があることや、原則として実行時の金利が適用されることをあらかじめ説明します。

●完成予定の新築マンションのローン手続きの流れとポイント

Step1　（お客様）マンション購入決定
・モデルルームの見学等を経て購入決定

Step2　住宅ローンの借入相談

Step3　事前審査

Step4　お客様がマンション業者と売買契約を締結

Step5　住宅ローンの正式審査
・事前審査と比べて変更点が出る可能性があるので、改めてお客様の属性や購入物件のチェックを行う

この間は大きく期間が
空くことも…

Step6　新築マンション完成
・お客様による内覧チェック

Step7　住宅ローンの実行・抵当権の設定
・原則として、このときの金利で貸出が行われる
・お客様に大きな変化があった場合は再審査が行われることもある

Step8　（お客様）マンションへ入居

④中古住宅の場合

ポイント
- すでに物件が完成しているため、手続きは新築の戸建（建売住宅）・マンションに準じる
- リフォームの有無、スケジュールも確認する

中古住宅を購入するお客様への住宅ローン手続きは、基本的に新築の戸建（建売住宅）・マンションの手続きと似ています。

Ⓐ必要書類とチェックポイント

　不動産登記簿などの必要書類を取り受けます。重要事項説明書を取り受け、建物がどれくらいの耐用年数があるかを確認することも必要でしょう。建築確認日が昭和56年５月31日以前の場合は、旧耐震基準の建物ですから、評価に注意が必要です。

　リフォームを行う場合は、リフォームの見積書も事前に取り受けましょう。住宅ローンにリフォーム費用を組み入れる取扱いが可能な金融機関の場合、同時に借りるのか、別建てで借りるのか確認することも必要です。

●仲介手数料など諸費用も考慮

Ⓑ資金繰りスケジュールと留意点

　物件購入後にリフォームを行う場合は、リフォーム資金を別途支払うことになります。リフォーム契約から完成まで２〜３回に分けて資金を支払うこともありますので、スケジュールを確認しておきましょう。

Ⓒ対応のポイント

　中古住宅の建物築年数・耐用年数によっては、希望どおりの借入れになら

Part1 住宅ローンの基本的な手続き

ない可能性があるので十分に注意しましょう。また、仲介手数料や固定資産税等清算金などの諸費用も考慮しなければなりません。

　中古住宅は、新築建売住宅に比べると、売主の都合等により引渡しまでの期間が短くなることがあります。素早い手続きを心がけましょう。

●中古住宅のローン手続きの流れとポイント

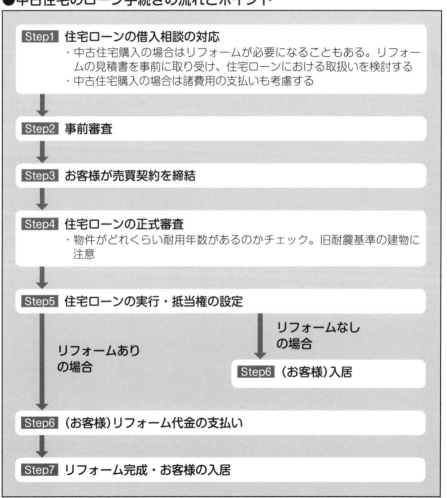

⑤住替えの場合

ポイント
- ・旧住宅を売却することで、住宅ローンが完済されるか否かが重要になる
- ・仲介手数料なども含めて資金計画を検証する

住替えの目的は㋐就職・転職・転勤などに対応、㋑親・配偶者などの世帯からの独立、㋒住宅を広くする・部屋を増やす、㋓子育て・教育の環境を整える——などとなっており、そのニーズは根強いものがあると思われます。

　住替えは、現在住んでいる住宅（以下、旧住宅）の売却とその住宅ローンの返済に加え、新しい住宅（以下、新住宅）を購入して新しい住宅ローンを組む手続きも行うことになり、様々な問題をクリアしなければなりません。

　住替えには、旧住宅の売却資金を想定して先に新住宅を買う（買い先行）場合もありますが、以下では、旧住宅を先に売却してから新住宅を購入する（売り先行）場合の実務対応を考えていきます。

●旧住宅の住宅ローンが残るか否かまず確認

　売り先行の住替えには、２つのケースが考えられます。

　１つは、旧住宅を売却した資金により、旧住宅の住宅ローンや仲介手数料等の諸費用を支払うことができ、さらに手元に売却資金が残り、その資金を新住宅の頭金や諸費用に充当することができるケースです。この場合の住宅ローンは、通常の新規借入れと同じイメージで進めることができます。

　もう１つのケースは、旧住宅について担保割れの状況にあり、その売却金

額が住宅ローンの借入残高より少ないケースです。旧住宅を売却するためには抵当権を外す必要がありますが、住宅ローンが残る以上、金融機関としては応じられず、お客様に自己資金がないと対応できません。

Ⓐ必要書類とチェックポイント

住替えの場合、売却する旧住宅の販売チラシ等が必要です。これにより、いくらで売却できるのかメドを立てることができ、新たな住宅ローンの借入額を検討することができます。

現在借入中の住宅ローンの返済予定表や残高証明書、返済口座の通帳履歴も必要となります。過去6ヵ月から1年間の返済履歴を確認し、延滞等がないかをチェックします。

Ⓑ資金繰りスケジュールと留意点

住替えにおける住宅ローン実行のタイミングは、旧住宅の売却のタイミング等も関係してくるので、事前にしっかりとした計画を立ててもらう必要があります。

また、旧住宅を売却するために必要な修繕費用（売り手が負担する場合）や引越費用、仲介手数料（旧住宅の売却と新住宅の購入、両方でかかることもある）が想定以上に多額となる場合があります。そうした支払いも十分に考慮してもらう必要があります。

●旧住宅の売却予定額等から必要な借入額を算出

Ⓒ対応のポイント

住替えでは、資金計画をシミュレーションすることがとても重要です。お客様の収入（売却予定金額＋自己資金）と、支出（旧住宅の住宅ローン残高＋新住宅の購入費用＋住替えに関する諸費用）の差から、必要となる住宅ローンの借入額を算出します。そこに、お客様の属性や返済期間を考え、返

済計画を立てていきます。返済計画ではお客様の立場に立ち、借りすぎない、期間を延ばしすぎないなどのアドバイスが重要です。

　旧住宅の住宅ローンの残債が少なく、旧住宅の売却によって頭金ができるケースでは、新住宅の住宅ローン審査のハードルが下がります。一方で、旧住宅の住宅ローンの残債が多く残った場合は、残債の返済に加えて新たなローンを組むことになり、融資額・返済額が増えることになりますから、住宅ローン審査が厳しくなる可能性があります。場合によっては、旧住宅の残債も含めた住宅ローンを検討する必要も出てきますから十分に注意しましょう。

　貯蓄も親からの援助もなく、どうしても担保割れを埋められない場合は、売却と住替え物件の購入を同時並行に進めて、担保割れ分も含めて多めに借入れを行う「住替え（買替え）専用住宅ローン」を検討します。住替え専用住宅ローンは、借入金額が担保価値以上となりますので、返済の確実性チェックがポイントとなります。

●住替えのローン手続きの流れとポイント

Step1 **住宅ローンの借入相談の対応**
・旧住宅について売却予定資金を確認。それを踏まえ新たな住宅ローンの借入額を検討
・現在の住宅ローンの返済予定表や残高証明書、返済口座の通帳履歴をチェック

Step2 **全体の住替えプランの立案**
・旧住宅を売却するための諸費用などを考慮。資金計画のシミュレーションを入念に行う

Part1 住宅ローンの基本的な手続き

Step3 (お客様)不動産業者の選定・旧住宅の査定

Step4 (お客様・不動産業者)売却価格の決定
および媒介契約・旧住宅の販売活動

.... 売却決定

Step5 (お客様)旧住宅の売却契約

Step6 (お客様)旧住宅ローンの返済

Step7 新しい住宅ローンの申込み・事前審査
・旧住宅の売却契約に前後して申込み・事前審査を実施(Step 5と並行して行われることもある)
・旧住宅の住宅ローンの残債がある場合、住替え(買替え)専用住宅ローンも検討

Step8 お客様が新住宅の売買契約を締結

Step9 新しい住宅ローンの正式審査

Step10 新しい住宅ローンについて金銭消費貸借契約締結

Step11 新しい住宅ローンの実行および抵当権の設定

Step12 (お客様)新住宅への入居、関連書類送付

２．サンプルで学ぶ必要書類の見方

①源泉徴収票…収入の確認書類

源泉徴収票は、例えば会社員が１年間の労働により勤務先から得た収入、および社会保険料、税金等が記載される書類です。源泉徴収票が必要なのは、会社員や役員等から住宅ローンを申し込まれた場合です。

源泉徴収票は直近の年のもの、もしくは過去数年分を提出してもらいます。当然ながら、その目的は、収入を見て、住宅ローンをきちんと返済できるのか否かを検証することにあります。

●社会保険料等の金額は適正な額となっているか

源泉徴収票からは次の３点を読み取ることが必要です。

㋐収入の状況……安定した収入を得ているか

㋑収入額……住宅ローンを組むだけの収入があるか。源泉徴収票に記載された収入を維持できるか、将来の収入の変化で不測の事態が発生しないか

㋒勤務先……反社会的勢力ではないか、業況不振先ではないか

住宅ローンを貸し付ける場合、お客様がその会社で１年以上勤務しているといった条件があります。「中途就・退職」の欄に就職した年が記載される会社もありますので、確認しましょう。また、「社会保険料等の金額」もチェックし、適正な社会保険料になっていなければその事情を確認します。扶養家族の項目も重要です。家族構成を把握し、ライフプランや住宅購入の経緯・動機をヒアリングする際の参考にします。

Part1 住宅ローンの基本的な手続き

★源泉徴収票のココをチェックしよう

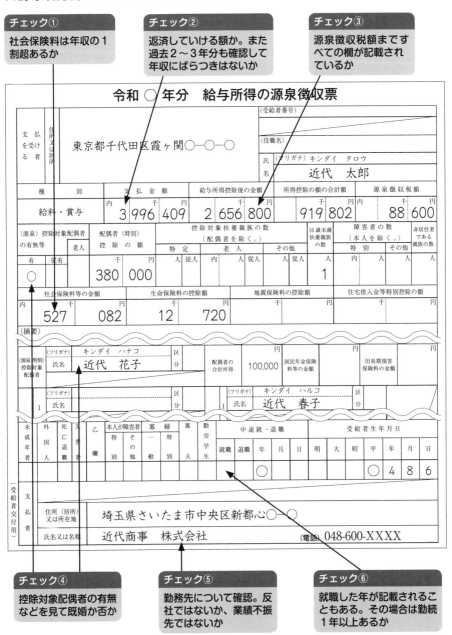

25

②住民税決定通知書…収入の確認書類

住民税決定通知書とは、前年度の所得をもとにその年の住民税の金額が確定したときに地方自治体から送付される書面です。会社員であれば、毎年5～6月に勤務先から配布されます。地方自治体によっては、「所得証明書により所得金額を証明する」として、発行しないこともあります。

　記載内容としては、所得の種類・金額や社会保険料等の控除内容、扶養親族とその人数、課税内容、その年の6月から翌年の5月までの住民税の金額などがあります。

●扶養親族区分で家族構成を把握

　住宅ローンの手続きにおいては、源泉徴収票と合わせて収入の状況を見るために、住民税決定通知書を取り受けます。安定した収入を得ているかや、住宅ローンを組むだけの収入があるか、記載された収入を維持できるか、将来の収入の変化で返済に不測の事態が発生しないかなどを見ます。

　その他、チェック事項は、源泉徴収票と同じような内容です。「所得控除の社会保険料」欄の金額と「扶養親族区分」の欄が重要になります。

　所得控除の社会保険料は負担額全額が控除されているので、支払われた社会保険料の金額として見ることが可能です。社会保険料がきちんと支払われていなければ、不正な収入が記載されていたり、時には社会保険料をきちんと支払っていない勤務先であったりする可能性も考えられます。適正な社会保険料でなければその事情を確認します。

　扶養親族区分で、家族構成を把握し、ライフプランや住宅購入の経緯・動機をヒアリングする際の参考にします。

Part1 住宅ローンの基本的な手続き

★住民税決定通知書のココをチェックしよう

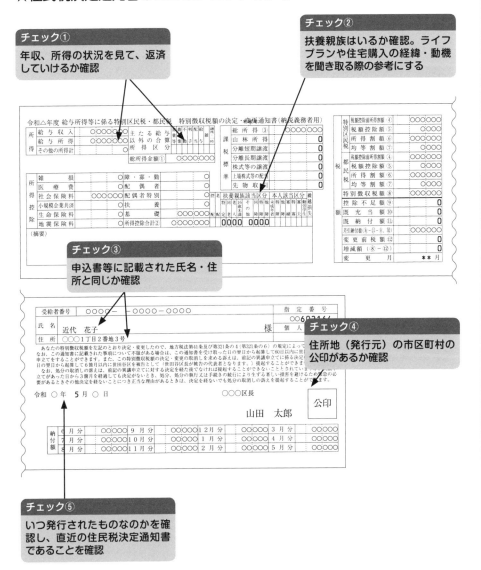

チェック①
年収、所得の状況を見て、返済していけるか確認

チェック②
扶養親族はいるか確認。ライフプランや住宅購入の経緯・動機を聞き取る際の参考にする

チェック③
申込書等に記載された氏名・住所と同じか確認

チェック④
住所地（発行元）の市区町村の公印があるか確認

チェック⑤
いつ発行されたものなのかを確認し、直近の住民税決定通知書であることを確認

27

③課税証明書…収入の確認書類

課税証明書とは、源泉徴収票や確定申告書などをもとにして住民税を確定し、税金を徴収したことを証明する書類です。

住宅ローンの申込みにあたり、課税証明書の提出を必要とするか否かは金融機関によって異なりますが、中小企業の社員や設立・開業後3年以内の企業に勤める社員、個人事業主については提出してもらうといったルールを設けている金融機関が多いと思います。

住民税の課税は、源泉徴収票などをもとに行われますので、課税証明書の記載内容も、基本的には源泉徴収票に似ているといえます。例えば、源泉徴収票の支払金額と課税証明書の給与収入は、他の収入がなければ一致することになります。

●副業等をしていれば金額が異なることも

仮に源泉徴収票と異なる記載があった場合は、お客様が提出した源泉徴収票に不正な記載があるという疑いが生じることになります。

源泉徴収票の記載が疑わしい場合は、源泉徴収票と課税証明書をセットで提出してもらうことが大切です。

不正ではないものの、源泉徴収票と課税証明書の所得が異なるケースもあります。

例えば、会社員のお客様が副業をしていると、源泉徴収票と課税証明書の所得が異なります（課税証明書のほうが金額が多くなる）。このような場合は、副業による収入を証する源泉徴収票や確定申告書を提出してもらい、問題がないか確認するようにしてください。

社会保険料にも注目しましょう。社会保険料控除が正しく記載されているかをチェックします。万一、社会保険料が正しく支払われていない場合、不法就労等が疑われますので、その場合は、住宅ローンを実行することは難しいでしょう。

★課税証明書のココをチェックしよう

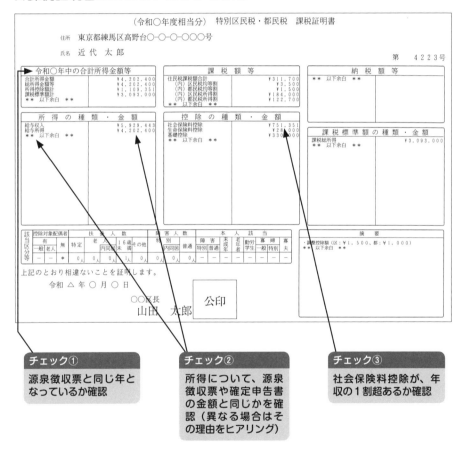

④確定申告書…収入の確認書類

確定申告書とは、文字どおり確定申告を行う場合に使用する書類で、確定申告を行うのは、主に次のような人です。

㋐源泉徴収票が作成されず、自分で給与明細をもとに申告する人

㋑2ヵ所以上から給与に該当するような収入を得ている人

㋒個人事業主

㋓医療費控除など、年末調整で控除されない控除がある人

㋔年間2000万円超の給与収入がある人

　確定申告書には「Ａ」（給与所得、雑所得、配当所得、一時所得を申告する人が利用）と「Ｂ」（すべての所得を申告する人が利用）の様式があり、一般的に会社員等であればＡを、個人事業主であればＢを使います。

●過去の確定申告書も見て収入の推移をチェック

　住宅ローン審査においては、Ａ・Ｂどちらも次の点をチェックします。

Ⓐ収入および所得の記載があり、その金額がどれくらいか

Ⓑ社会保険料の記載があり、その金額に問題はないか

Ⓒ専従者（個人事業主が妻等と一緒に働いており給与を支払っている場合の妻等）や扶養配偶者がいる場合、その記載がきちんとあり控除されているか（専従者給与がある場合、申告者から税金が引かれる）

　お客様によっては、申告漏れがあったり、過去に税務調査で指摘されて申告し直していたりする場合もあります。そのため、過去2〜3年分の確定申告書を提出してもらい収入に大きな増減はないか確認しましょう。

Part1 住宅ローンの基本的な手続き

★確定申告のココをチェックしよう

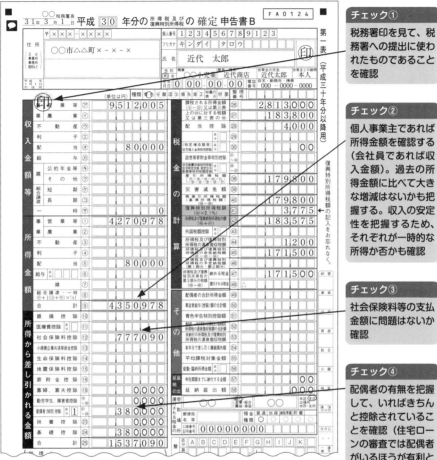

※上記サンプルでは確定申告書Bを取り上げたが、個人事業主の場合、65万円または10万円の控除が受けられる青色申告を行っており、青色申告書が提出されることもある

⑤見込収入証明書…収入の確認書類

お客様の勤続年数が１年未満だったり、１年超でも直近１年間の源泉徴収票がない場合などは、見込収入証明書を求めることがあります。

　例えば、昨年10月から勤務を始めたお客様から住宅ローンの申込みがあったとすると、今年の11月時点で源泉徴収票は昨年10～12月の分しかないか、前職の分が含まれていると考えられます。これでは現状の年収をきちんと確認することはできませんから、見込収入証明書が必要になります。

　見込収入証明書は公的書類ではなく、例えば勤務先が作成した給与支払明細や給与支払見込証明書などが該当します。

●月の平均給与をもとに見込年収を算出

　お客様の勤続年数が１年未満という場合は、勤続期間中すべての給与支払明細を提出してもらうとともに、給与支払見込証明書を提出してもらい、見込年収を算出して審査を行うことになります。

　見込年収については、まず「支払給与（基本給等＋時間外手当。交通費は含まない）÷勤続月数＝月の平均給与」を算出して、次に「月の平均給与×12＋支給済みの臨給（ボーナスなど）」で計算されます。

　注意したいのが、入社してから３～６ヵ月程度、試用期間（見習期間や研修期間など）が設けられているケースです。この期間中に給与支払額が抑えられている場合、通常、その分は計算には含みません。

　一方、お客様が１年以上勤務しているものの１年分の源泉徴収票を提出してもらえない場合は、過去１年分の給与支払明細と、勤務先が作成した給与支払見込証明書を提出してもらいましょう。給与支払見込証明書は、給与支

Part1 住宅ローンの基本的な手続き

払明細の金額と一致するなど、整合性がとれていなくてはいけません。

金融機関によっては、勤続年数が一定年数を超えていないと、そもそも住宅ローンの申込みができないとしているところもありますので、自行庫の取扱いを確認しておきましょう。

★見込収入証明書のうち給与支払明細のココをチェックしよう

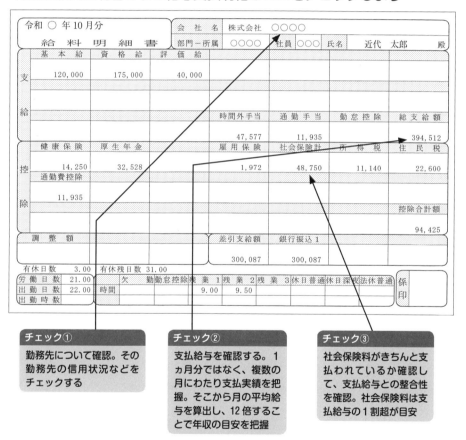

※給与支払明細のほか、勤務先が作成した給与支払見込証明書も提出してもらう。それで給与支払明細の数字の整合性の確認、および雇用形態（正社員か、派遣社員か等）などをチェックする
※臨給（いわゆるボーナス）については支給されたもののみ含めて年収を計算するのがよい。支給見込みのものは含めないのが原則

⑥不動産売買契約書…物件の確認書類

不動産売買契約書は、住宅ローンを組める状態であることを確認する資料として、また購入する不動産の内容や権利関係を確認する資料として、とても重要です。土地付き住宅やマンション等を購入する場合は不動産売買契約書を、土地を先行取得し建物を後で建築する場合は土地の売買契約書と工事請負契約書をお客様から提示してもらうことになります。

売買契約書は、住宅ローンの借主が署名捺印をしていることが原則であり、これを最初にチェックします。

次に、売買契約書に表示されている住宅の面積等が申込書や不動産登記簿と異なっていないか確認しておきましょう。売買代金も確認して、住宅ローン申込金額と比べて違和感はないかチェックしてください。

残代金の支払期日も大切です。この日が住宅ローン実行日となるケースが多いでしょうから、お客様からの申込みと相違ないかを確認しましょう。

●購入者の人数も確認することが必要

購入者の人数についても重要です。購入者の署名が１名か、複数名かを確認します。この署名が複数の場合は、住宅ローンの借主以外の人に住宅ローンの連帯保証人あるいは物上保証人となってもらう場合があります。

所有者が複数いる場合、住宅ローンの組み方が複数考えられ、それぞれで住宅ローン控除や相続発生時の税制、団信の加入方法等が異なります。十分にお客様に確認したうえで住宅ローン契約を結ぶことが必要です。

売買契約書の署名が本人のものではないケースもあります。購入者本人が契約当日何らかの理由で立ち会えず、契約者の妻が契約を行うケースなどで

Part1 住宅ローンの基本的な手続き

見られます。この場合、「○○代理人×××」と署名されますが、代理人が真の代理人であることを確認しなければなりません。具体的には、印鑑登録証明書を取り受けて確認する方法があります。

★不動産売買契約書のココをチェックしよう

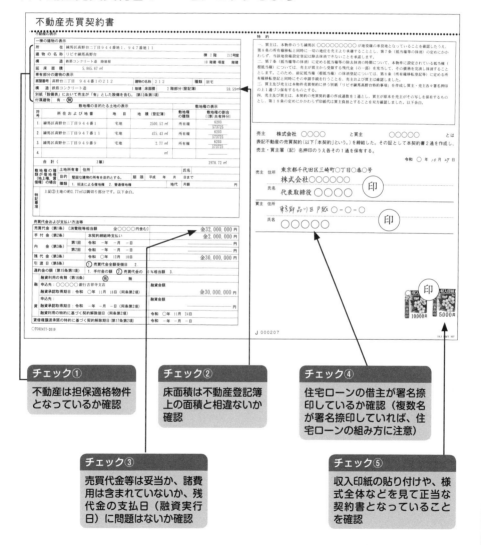

チェック①
不動産は担保適格物件となっているか確認

チェック②
床面積は不動産登記簿上の面積と相違ないか確認

チェック③
売買代金等は妥当か、諸費用は含まれていないか、残代金の支払日（融資実行日）に問題はないか確認

チェック④
住宅ローンの借主が署名捺印しているか確認（複数名が署名捺印していれば、住宅ローンの組み方に注意）

チェック⑤
収入印紙の貼り付けや、様式全体などを見て正当な契約書となっていることを確認

⑦重要事項説明書…物件の確認書類

購入した不動産（物件）の概要や権利関係、重要事項について記載されているのが、重要事項説明書です。不動産の売買においては、通常、不動産売買契約書とセットで重要事項説明書が付きます。

不動産売買契約書には売主と買主の署名捺印が必要でしたが、同様に重要事項説明書にも売主と買主の署名捺印、および説明を行う宅地建物取引士（宅建士）の署名捺印も必要となります。

●記載内容で担保適格物件になるか確認

重要事項説明書には、買主・売主双方が知っておかなければならない情報が記載されます。それだけに、お客様が申し込んできた住宅ローンの内容に問題はないか、また一部の申込内容に虚偽記載がないかを確認する資料として、とても大切なのです。

重要事項説明書では、次の点を確認しましょう。

㋐宅地や建物に関する記載（接道の状況など）を見て、不動産は担保適格物件となるのか

㋑（第三者による）何らかの権利が設定されていないか

㋒建物の設備などについて問題がないか

㋓その他、不動産を担保として取る際に問題となる事項はないか

●従前の所有者等の権利は残らないか

住宅ローンの場合、その不動産が担保適格物件であることが大前提となります。この観点で重要事項説明書の内容をチェックすることがポイントで

す。

　例えば、従前の所有者の権利等が残っていると問題となります。どんな権利関係があるのかも重要事項説明書には記載されることになりますので、その内容はもちろんのこと、従前の債務や担保権等がすべて清算され、新たな購入者の完全所有となる不動産なのかをチェックしてください。

　また、お客様も住宅ローンの申込時点では、自身が購入する不動産について完全に理解しているとは限りませんし、時には虚偽の内容で申込みをしてくることもあり得ます。

　例えば、「公道に接している」「位置指定道路に接道」と申告していたのに、重要事項説明書では「○○の所有地。現況は公道扱い」「接道は私道　但　接道上の持分なし」などとなっているケースがあるのです。

　このように不動産が接している道路が他人の所有地だったり、購入者に持ち分がなかったりする場合、担保評価にも影響してきます（道路をスムーズに利用できない＝建物の建築等が認められないことにもなるため）。

　これらは重要事項説明書でなければ判明しないこともあるので、よく確認するようにしてください。

★重要事項説明書のココをチェックしよう

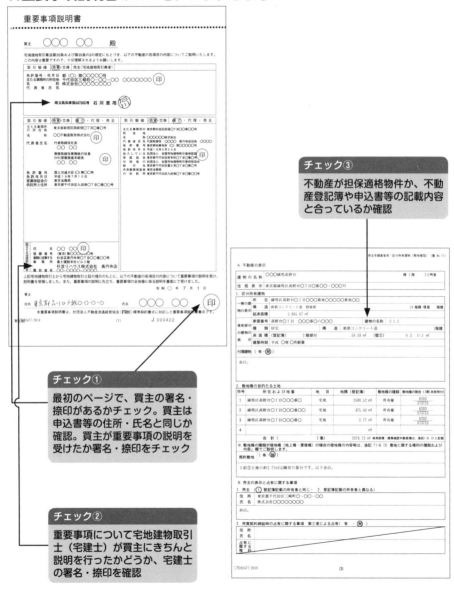

Part1 住宅ローンの基本的な手続き

売主宅建業者・区分所有建物（敷地権型）（重 No.11）

Ⅰ 取引の対象となる宅地または建物に直接関係する事項
1. 登記記録に記録された事項
(1) 区分所有建物
　　　　　　　　　　　　　　　　　　　　　（令和 ○年 ○月 ○日現在）

権利部	所有者	住所	東京都千代田区三崎町○丁目○○番○○号
(甲区)		氏名	株式会社○○○○○
	所有権にかかる権利に関する事項（有・無）	余白。	
権利部 (乙区)	所有権以外の権利に関する事項（有・無）	根抵当権設定	令和 ○年3月30日第14341号 極度額　金3,300万円 債務者　千代田区神田小川町○丁目○○番地 日本住宅建設産業関東協同組合 千代田区二崎町○丁目○○番○○号 株式会社○○○○○ 根抵当権者　中央区八重洲○丁目○○番○○号 商工組合中央金庫（取扱店　神田支店）以下余白。

(2) 土地（借地権の場合、借地権の対象となるべき土地）
　　　　　　　　　　　　　　　　　　　　　（令和 ○年 ○月 ○日現在）

権利部	所有者	住所	
(甲区)		氏名	
	所有権にかかる権利に関する事項（有・無）	敷地権につき建物と一体。以下余白。	
権利部 (乙区)	所有権以外の権利に関する事項（有・無）	地役権設定	昭和32年9月3日第○○○○○号 目的　：1、送電線路の設置及びその保守の 　　　　　　ための土地の立入り 　　　2、送電線路の最下垂時における電線と 　　　　　　における建造物の築造禁止 　　　3、爆発性、引火性を有する危険物 　　　4、送電線路の支障となる工作物の設置 　　　　　　その他支障となる行為の禁止 範囲　：全部　要役地：練馬区西大泉町

(注) 所有者の所有権取得日・原因等は添付する登記事項証明書または登記簿謄本に記…

2. 都市計画法、建築基準法等の法令に基づく制限の概要
(1) 都市計画法に基づく制限（制限の内容等については、補足資料に記載されて…

① 区域区分	① 都市計画区域（① 市街化区域・2. 市街化調整区域） 2. 都市計画区域外（準都市計画区域の指定：有・無…）
② 市街化調整区域の場合	既存宅地番号：　　　　　　　　　　年　月　日
開発行為・旧住宅地	許可番号：　　　　　　　　　　　　年　月　日
造成事業法の許可等	検査済番号：　　　　　　　　　　　年　月　日
	公告：　　　　　　　　　　　　　　年　月　日
③ 都市計画施設	1. 都市計画道路（1 計画決定・2 事業決定 名称　　）
（有・無）	② その他の都市計画施設（都市計画河川緑地
④ 市街地開発事業	有・無

末尾備考参照。以下余白。

(4)

チェック④

不動産登記簿の内容と違いはないか、問題となる権利関係がないかチェック

売主宅建業者・区分所有建物（敷地権型）（重 No.11）

(2) 建築基準法に基づく制限（制限の内容等については、補足資料に記載されています。）

①用途地域	1. 第1種低層住居専用地域	6. 第2種住居地域	11. 工業地域
	2. 第2種低層住居専用地域	7. 準住居地域	12. 工業専用地域
	3. 第1種中高層住居専用地域	8. 近隣商業地域	13. 用途地域の指定なし
	4. 第2種中高層住居専用地域	9. 商業地域	
	5. 第1種住居地域	10. 準工業地域	

②特別用途地区 防火・準防火・高度・高度利用・特定街区・景観地区	特別用途地区		
	1. 防火地域	7. 風致地区	13. 駐車場整備地区
	2. 準防火地域	8. 災害危険区域	14. 都市再生特別地区
	3. 高度地区（第二種）	9. 地区計画区域	15. 特定防災街区整備地区
	4. 高度利用地区	10. 特例容積率適用地区	16.（　　　　　　）
	5. 特定街区	11. 特定用途制限地域	
	6. 景観地区	12. 高層住居誘導地区	

③ 建築面積の敷地面積に対する割合の限度（建ぺい率）	指定　　70％
④ 建築物の延べ面積の敷地面積に対する割合の限度（容積率）	指定　　200％ ただし前面道路により上記容積率がさらに制限されます。一道路幅員約　　㎡）×　　/10×100%

○本物件建物は、街区の角にある敷地またはこれに準ずる敷地で特定行政庁が指定するものの内にある建物として、建ぺい率の10%の緩和措置を受けて建築されています（別添建築計画概要書参照）。
○本物件は、建築基準に定める共用廊下等の容積不算入措置（不算入面積635.77㎡）を受けて建築されています（別添建築計画概要書参照）。以下余白。

⑤ 敷地等と道路との関係　　　　　　　　　　道路境界線後退（セットバック）による建築確認対象面積の減少（有・無）

	公道・私道の別	接道方向	幅員	接道の長さ	余白。
前面道路	1 公道・私道	北側	約8 m	10 ㎡以上	
	2 公道・私道	東側	約6.49 m	10 ㎡以上	
	3 公道・私道	側	m	m	
	4 公道・私道	側	m	m	

道路位置指定：　　年　月　日第　　　　　号 条例による制限（有・無） 道路内では建築等の利用はできません。

⑥ 私道の変更または廃止の制限（有・無）			
⑦ 壁面線の制限（有・無）	⑧ 敷地面積の最低限度（有・無）　　　　　㎡	⑨ 外壁後退（有・無）	
⑩ 建物の高さの制限	1.絶対高さ制限（有・無）（10m・12m）		
	2.道路斜線制限（有・無） 3.隣地斜線制限（有・無）		4.北側斜線制限（有・無）
⑪ 日影による中高層の建築物の制限（有・無）（一 種）4h-2.5h 4m			
⑫ 建築協定（有・無）			
⑬ 地方公共団体の条例等による制限：			

PTC02477-2019　　　　　　　　　　　　　　　　(5)

チェック⑤

都市計画法や建築基準法に基づき、用途地域や建ぺい率、接道状況、その他の法令制限を記載。担保物件として問題ないか確認。用途制限や私道に接するなど条件等がある場合にはその許可証等も取り受ける必要がある

39

⑧工事請負契約書…物件の確認書類

エ事請負契約書とは、建物を建てる場合に、建築にあたって発注者（建築主）と工事請負業者（施工業者）が取り交わす契約書です。建築工事の内容について、例えば発注者名や工事請負業者名、工事場所、工期、引渡しの時期、請負代金額・その支払方法などが記載されています。契約締結の際に、発注者と工事請負業者の署名捺印が記載されます。

工事請負契約書には、工事請負契約約款や見積書、設計図面、工事仕様書などが添付されています。

●建築計画の内容を確認する

工事請負契約書は、住宅ローン手続きにおいて建築の契約や建築計画の内容を確認するために重要な書類です。主に、次の点を確認します。

⑦発注者と工事請負業者の間で契約が成立しているか

発注者と工事請負業者の署名捺印があることで、契約が成立していることを確認します。

⑦建築計画の内容は妥当か

住宅ローンの申込みどおりの場所・内容で工事をすることになっているかや、㎡単価の水準で問題ないかなどを確認します。

⑦工事代金の支払方法はどうなっているか

工事の契約時・中間・完成後など、代金を支払うタイミングがどうなっているかや、支払方法や支払期日に問題ないかを確認します。

⑦工事請負業者はどんなところか

工事請負業者の名称から、信用度や工事完遂能力を調査します。

Part1 住宅ローンの基本的な手続き

★工事請負契約書のココをチェックしよう

チェック①
工事内容や場所は申込書の内容と合っているかチェック

チェック②
発注者の署名・捺印があるかチェック。申込人と同一かどうか確認

チェック③
請負者の署名・捺印があるかチェック。請負者の信用度や工事完遂能力を調査する。住宅ローンの実行は通常建築物完成後だが、引渡時期の前に融資が必要になる場合は特に注意

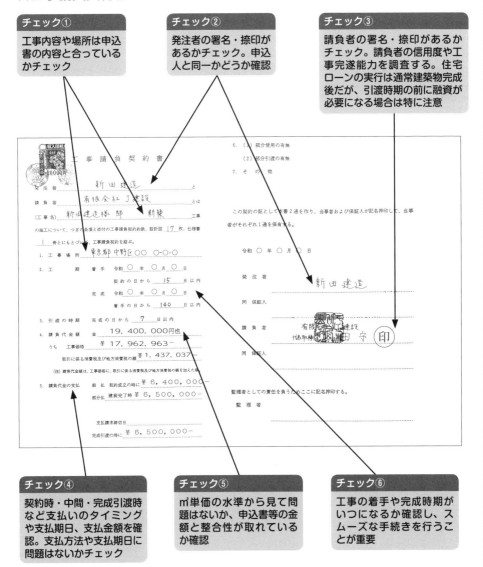

チェック④
契約時・中間・完成引渡時など支払いのタイミングや支払期日、支払金額を確認。支払方法や支払期日に問題はないかチェック

チェック⑤
㎡単価の水準から見て問題はないか、申込書等の金額と整合性が取れているか確認

チェック⑥
工事の着手や完成時期がいつになるか確認し、スムーズな手続きを行うことが重要

⑨（建築）確認済証…物件の確認書類

建物を建てる場合、市区町村に建築確認申請を行い、建築基準法に適合するか審査を受け許可を得なければいけません。一般的に、施工業者が申請書類を作成、これに市区町村の許可印を受けたものが（建築）確認済証です。今後完成する建物が建築基準法に違反していない、つまり担保適格物件の条件をクリアすることを証する重要な書類です。次のようなポイントを確認します。

㋐書類はすべて揃っているか

確認済証のほか、申請に使った確認申請書として第一面から第五面まで付いているのが通常です。すべて揃っているか確認します。

㋑施主や施工業者、建物の概要等は他の書類と相違ないか

施主が住宅ローンを申し込んだお客様となっているか、施工業者は工事請負契約書等と相違ないかを確認してください。また、建築計画書や建築工事請負契約書等と相違ないか等も確認します。

●店舗兼用だと再建築の許可が必要なことも

㋒何らかの条件が付いていないか

条件付きの建築であることの表示はないかチェックしましょう。表示があれば詳しくヒアリングして、担保物件として適格か確認します。

㋓用途地域や主要用途等に問題はないか

例えば、建物が店舗兼用の場合、敷地がある地域は商業施設を禁止していたり、店舗兼用だと再販や再建築に際して許可を必要としていたりすると、住宅ローンを実行できない可能性もあります。

Part1 住宅ローンの基本的な手続き

★(建築)確認済証のココをチェックしよう

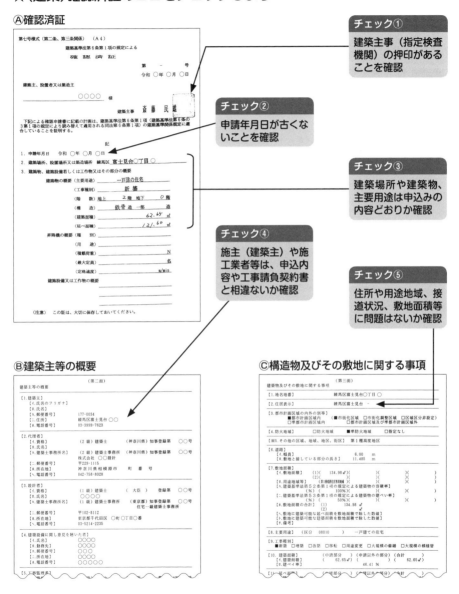

⑩検査済証…物件の確認書類

検査済証とは、建築された建物が建築基準法の規定に適合していることが認められたときに交付される書類です。建築基準法で定められた「建築確認」「中間検査」「完了検査」が完了した段階で交付されます（中間検査がない場合もある）。

建築確認は、建物の設計段階で行われる審査です。これにより、適法であることを認められて交付されるのが（建築）確認済証です。

中間検査は、工事の途中で行われる検査で、一定の工程が終了した段階で行われます。検査に合格したときに中間検査合格証が交付されます。

完了検査は、建築工事が終了した時点で行われます。この完了検査で、適法と認められたときに交付されるのが検査済証であり、これが建築工事に関する最終的な証明書です。

●建物が適法であることを確認する

検査済証は、住宅ローン手続きにおいて建築工事が建築基準法の規定に則って行われたことを確認するための書類といえます。完成した建物が建築基準法に違反していない、つまり担保適格物件の条件をクリアすることを証する重要な書類ですので、確認しましょう。

また、検査済証は工事請負契約書等と同じ内容か、建築計画に変更がなかったか確認することも必要です。

ただし、中古住宅の場合は、完了検査後に無断で増改築している場合は、検査済証があっても違反建築物となるので、検査済証を持って担保適格物件の条件をクリアしているとはいいきれないことがあります。

Part1 住宅ローンの基本的な手続き

★検査済証のココをチェックしよう

第二十一号様式（第四条の四関係）
　　　　建築基準法第7条第5項の規定による

検 査 済 証

第＊＊－＊＊＊＊号
令和〇 年 〇月 2日

近 代 太 郎　様
　　　　　　　建築主事職氏名　　　中 野 一 郎　[印]

下記に係る工事は、建築基準法第7条第4項の規定による検査の結果、建築基準法
第6条第1項（建築基準法第6条の3第1項の規定により読み替えて適用される同
法第6条第1項）の建築基準関係規定に適合していることを証明する。

記

1．確認済証番号　　　　　　第＊＊－＊＊＊＊号
2．確認済証交付年月日　　　令和〇 年4月1日
3．確認済証交付者　　　　　建築主事　中野太郎
4．建築場所　　　　　　　　中野区新井2丁目10－11
5．検査を行った建築物またはその部分の概要
(1)　建築物の名称
(2)　用途種別　　　　　専用住宅
(3)　工事種別　　　　　新築
(4)　敷地面積　　　　　　　　　　　134.98㎡
(5)　延べ面積　　　　　申請部分　　121.60㎡
　　　　　　　　　　　　申請以外の部分　　　　㎡
　　　　　　　　　　　　延べ面積の合計　121.60㎡
(6)　申請棟数　　　　　　　　　　　　　　1棟
(7)　主たる建築物の構造　鉄骨造　　一部　　造
(8)　主たる建築物の階数　地階を除く階数（地上階数）2階
　　　　　　　　　　　　　地階の階数
(9)　備考
6．検査年月日　　　令和〇 年 4月 1日
7．検査員職氏名印 建築主事　　▲▲●●　　　　[印]

（注意）この証は、大切に保存しておいてください。

チェック①

申請・交付年月日が古くないことを確認。借入れの申込時期との整合性をチェックする。また建築確認番号があるか確認する

チェック②

建築主事（指定検査機関）の記名・捺印があるか確認

チェック③

建築場所は不動産登記簿など他の書類と合っているか確認

チェック④

建築物の用途種別（住宅・店舗兼居宅等）や工事種別（新築・増改築等）が申込書等の内容どおりか確認

45

⑪不動産登記簿…物件の確認書類

不動産登記簿は、不動産を特定する資料といえます。土地がだれのものか、そしてその上にどんな建物が建っているのか（更地であれば建物の登記はない）、その土地・建物にどんな権利が付いているのかを確認するために提示してもらいます。

不動産登記簿では、まず「表題部」を見ます。土地や建物、所在（場所）、広さなどが表示されています。土地なら地積、建物なら床面積が申込書等と相違ないか確認しましょう。所在には「地番」が書かれており、住所とは異なりますので注意しましょう。

次に見るのが「権利部（甲区）」です。ここには所有権に関する事項が表記されており、「権利者その他の事項」の欄に所有者や所有の経緯が表示されます。

●他者の抵当権などが先順位にないか確認

そして、「権利部（乙区）」を見ます。所有権以外の権利である「抵当権」「根抵当権」「質権」「先取特権（他の債権者に先立って弁済を受けられる権利）」などが「権利部（乙区）」に記載されています。

不動産登記簿をチェックする場合は、「権利部（乙区）」が特に重要です。ここに他者の抵当権等権利が付いている場合、自行庫で抵当権を設定しても順位が劣後することになり、その建物を処分等して住宅ローン債権を回収しようとしても、先順位の債権者に先に弁済が行われてしまうからです。

抵当権の順位変更や抵当権の移転についてもここに書かれます。すべてチェックして、権利面で問題がないか確認しておきましょう。

Part1 住宅ローンの基本的な手続き

★不動産登記簿のココをチェックしよう

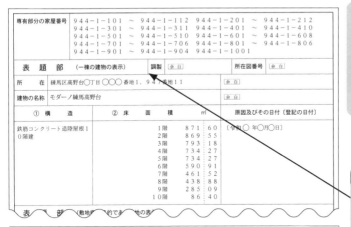

※サンプルはマンションの不動産登記簿。表題部では上段にマンション全体のことが、下段に専有部分（実際に住むところ）のことが記載される

チェック①
表題部でその土地、および建物の状況を確認する。床面積等は申込書等と相違ないかも確認

チェック②
所有者を確認。共有者もいないかチェック（共有者がいれば抵当権設定の可否も確認）

チェック③
権利関係を確認。特に第三者の権利がある場合、債権回収に支障が生じるおそれがある

⑫公図…物件の確認書類

公図は、土地の形状や境界を表した図面をいい、登記所（法務局）や市役所等に備え付けられています。ただし、公図は作成された時期が古いものが多く、その精度は決して高いとはいえません。実務上は、住宅地図や測量図と比較しながら、土地がきちんと接道しているか、他人の土地が混ざっていないか等を確認します。

●地形・道路・分筆などを確認する

ポイントとしては、㋐住宅地図や測量図と見比べて地形はほぼ一致しているか、㋑接道に問題はないか、㋒分筆されている場合は他人の所有ではないか――等を確認しなければなりません。

接する道路については公道であればよいですが、道路に地番が付いている場合、それは私道の可能性があり、他人の敷地を通らないと自分の土地に入れないというケースもあるのです。仮に住宅ローンの担保となる土地が私道にしか接していない場合は、私道所有者から通行の許可等を得ていなければ、担保物件としては不適格となるでしょう。

また、住宅地図上は1つの敷地のように見えても、公図を見ると土地が分筆されていること（土地を複数に分けて登記していること）も少なくありません。**サンプル**では、1つの土地と思われるものが、いくつにも分筆されていることが分かります。

ちなみに分筆されている場合、その数の分、抵当権等を登記する必要性が生じますから、費用も増えることになります。

郵 便 は が き

1 6 5 - 8 7 9 0

料金受取人払郵便

中野北局
承認

834

差出有効期間
2021年2月
20日まで

東京都中野区新井 2 − 10 − 11
ヤシマ 1804 ビル 4 階

株式
会社 **近代セールス社**
ご愛読者係 行

|||||||||||||||||||||||||||||||||

ご住所	〒□□□-□□□□	□ 自宅 □ 勤務先 (いずれかに☑印を)
	☎( ) −	

お名前	(フリガナ)

Eメールアドレス	

ご職業		年齢	歳

＊ご記入いただいた住所やEメールアドレスなどに、小社より新刊書籍などの
　ご案内を送らせていただいてもよろしいですか。
　□ 送ってかまわない　　□ 送らないでほしい

※当社は、お客様より取得させていただいた個人情報を適切に管理し、お客様の同意を得ずに第三者に提供、
　開示等一切いたしません。

●アンケートへのご協力をお願いします●

　本書をお買い上げいただき、ありがとうございました。今後の企画の参考にさせていただきたく、以下のアンケートにご協力をお願いいたします。毎月5人の方に図書カード（1000円分）をお送りいたします。

(1) お買い上げいただきました本の書名

(2) 本書をどこで購入されましたか

□一般書店（書店名　　　　　　　）□インターネット書店（書店名　　　）
□勤務先からのあっせんで　　□小社への直接注文
□その他（具体的に　　　　　　　　　　　　　　　　　　　）

(3) 本書をどのようにしてお知りになりましたか

□書店で見て　□新聞広告を見て　□勤務先からの紹介　□知人の紹介
□雑誌・テレビで見て（ご覧になった媒体・番組名　　　　　　　　）
□ダイレクトメール　□その他（　　　　　　　　　　　　　　　　）

(4) 本書についての感想をお聞かせください

(5) 今後お読みになりたいテーマ・ジャンルをお教えください

ご協力ありがとうございました。

Part1 住宅ローンの基本的な手続き

★公図のココをチェックしよう

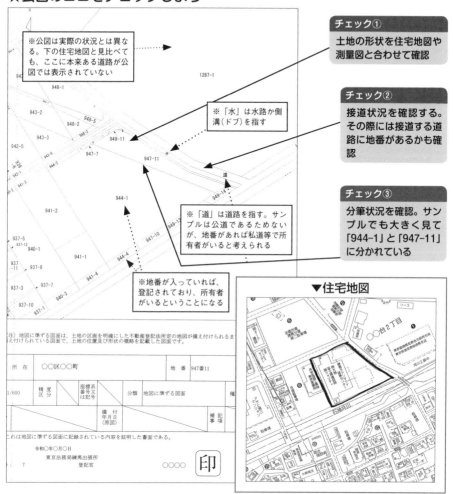

⑬住宅地図…物件の確認書類

住宅地図とは、建物や住宅およびその居住者等が表示されている地図です。住宅地図からは、次のようなことが読み取れます。

㋐接道状態と、接道する道路の状況

㋑土地・建物の大きさ

㋒区画

㋓用途地域や建ぺい率・容積率（ゼンリンの住宅地図・ブルーマップ等には掲載）

●公図や測量図などの情報を推測できる

　住宅地図には詳細が記載されていませんが、実は公図や測量図、不動産登記簿などの情報を推測することができるのです。例えば、住宅が道路にどのように接しているか、接している道路の広さはどれくらいか確認できます。

　仮に接している道路の先が広い道路（公道）と接しており、その接点が八の字型（すみ切り。隅角が二等辺三角形になっている状態）であれば、当該物件は位置指定道路（接道条件を満たすために、個人が持つ土地を道路のように整備し、当局に許可してもらった道路）に接していると想定できます。一方で、広い道路との接点が八の字型になっていなければ、例えば但書道路となっている可能性があるといえます。

　また、敷地から道路までの距離や、土地・建物の大きさについても、地図の縮尺を利用すれば推測することができます。測量図等のほうが精度は高いですが、住宅地図でもある程度、建築基準法に違反していないかチェックすることができるでしょう。

Part1 住宅ローンの基本的な手続き

　ただし、新築（もしくは建てられてそれほど期間が経っていない中古）物件の場合、住宅地図に記載がなく、該当箇所に旧建物の名称や、更地・田畑などと記載されていることがあります。直近に作成された住宅地図で更地や田畑、または区割りとして表示されていれば、当該物件は新築であると確認できるでしょう。

★住宅地図のココをチェックしよう

チェック①
当該物件の土地の形状や建物の大きさ、接道状況等を確認（サンプルのように別の建物等の記載があるケースもある。その場合、当該物件が新築であることが分かる）

チェック②
接する道路の大きさを確認する（幅が狭ければ、公道ではない可能性もある）

チェック③
周辺の建物の状況や住環境等、周辺の環境についてチェック。例えば崖地等であれば、担保評価に影響することもある

チェック④
住宅については形状と居住者が表示される（サンプルでは伏せてある）

※当該物件として太く囲っているのはマンションの敷地

⑭測量図…物件の確認書類

測量図とは、土地を測量してその形状や境界、地積等を表示している書面です。公図よりも土地の面積や形状などが詳しく書かれており、公図では分からない情報を把握することが可能です。

新築物件の土地資金・建築資金を貸し出す場合などには、測量図をもとに担保適格性をチェックします。新築物件では、大きな土地を区画整理して販売するケースがあります。公図上では１つの土地でも測量図は区割りされているので、これをもとに土地の形状や地積を確認し担保評価を行います。

また、土地に建てる予定の建物が、建築基準法に違反するものではないか確認することも大切です。例えば、建ぺい率60％・容積率200％の地域において、100㎡の土地に建物を建てる場合、建築面積は60㎡まで、延べ床面積は200㎡までの建物しか建てることはできません。

測量図には、その土地の面積が必ず記載されています。建物を建てるときには、その地域の建ぺい率および容積率の規制値内であることが必要ですから、区割りされた後の測量図を確認して、建ぺい率や容積率に違反するような建物の建築を予定していないか確認してください。

●区割りと土地の形状が一致するか確認

一方で、公図と測量図が一致している土地に新築物件を建てる場合もあるでしょう。この場合は、公図と測量図を合わせながら、区割りと土地の形状や敷地の面積が一致するか確認します。また、前述したように地積をもとに、建物が建ぺい率や容積率に違反していないか確認することになります。

Part1 住宅ローンの基本的な手続き

★測量図のココをチェックしよう

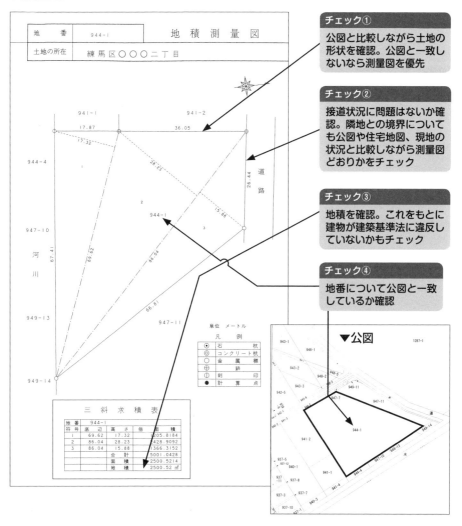

⑮住宅のチラシ（広告）…物件の確認書類

住宅のチラシは、不動産の表示に関する公正競争規約施行規則等で記載すべき事項が決まっていて、売買時の重要事項説明書に記載される内容の要約といえます。ルールに基づいてチラシが作成されていれば、お客様の購入物件についてほぼすべての情報が分かるようになっています。事前審査を行うにあたっては、チラシで担保適格性を確認することも可能です。

　では、新築・中古物件に分けてチェックポイントを紹介します。

Ⓐ新築物件のチラシ

　新築物件の場合は、建築業者やマンションの販売業者が住宅のチラシを作成します。新築物件のチラシが提示された場合、基本的には㋐物件の場所（所在）、㋑価格、㋒構造、㋓立地（駅からの距離）、㋔施設（駐車場の有無やガス・電気など）、㋕建物配置図、㋖接道状況、㋗面積（土地・建物）、㋘間取図、㋙業者名──などを確認することになります。

　これらの事項が正しく記載されているか、また物件価格が適正かをチェックしましょう。場合によっては建物がまだ完成していないケースもあると思います。その場合は、特にチラシで物件の概要を把握することが重要です。

●チラシの内容どおりか他の書類で確認

Ⓑ中古物件のチラシ

　中古物件のチラシは、業者や個人から依頼があった場合に、仲介業者が独自で作成することが大半です。新築時のチラシに手を加えて作成したり、物件が販売当初と変わらなければそのまま使用したりします。上記㋐〜㋙の記載があれば事前審査が可能といえます。当然ながら、中古物件の価格が適正

Part1 住宅ローンの基本的な手続き

かも確認します。

ただし、新築の場合ほどチラシが厳格ではないうえに、中古物件の中には不正住宅が比較的多いため、チラシを鵜呑みにせず、不動産登記簿や公図、測量図、配置図といった書類で裏付けをとることが大切です。

★住宅のチラシのココをチェックしよう

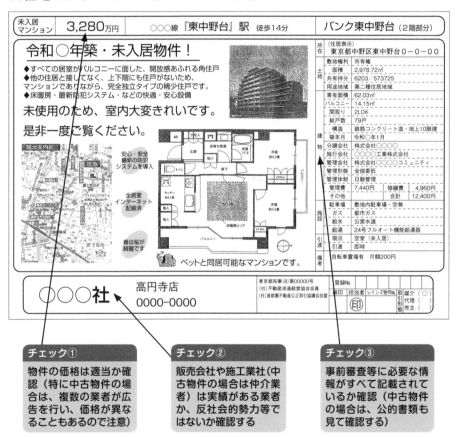

※サンプルのチラシはマンションであり接道状況や建ぺい率等は載っていないが、戸建の場合、その表示がある
※用途地域の変更等で、建ぺい率や容積率が変更になった場合、変更前と変更後が併記されることもある

⑯間取図と立面図…物件の確認書類

間取図とは、上から見て部屋の広さや配置などを示した図、立面図とは建物の外観を横から示した図です。いずれも建物を建築する場合やリフォームを行う場合に、業者が作成します。

これらは、住宅ローンの審査においても重要な資料となります。集合住宅や分譲住宅の場合を除いて、新築（建替えも含む）や増改築時には間取図と立面図をセットにして審査を行うことになります。

建築物は建築基準法に準拠していなければなりません。すなわち、その建物が建ぺい率や容積率、接道義務を満たしているか、さらに都市計画法に則ったものであるか等を確認することが必要なのですが、間取図や立面図はその確認資料となるものです。

●自行庫の融資基準に合っているか確認する

業者は自治体に建築等の申請を行う際、申請資料の中に間取図や立面図も添付しています。金融機関でも、これらを確認することで正しい申請を行っていることや建築基準法違反ではないことを確認することができます。

さらに、間取図や立面図では、㋐耐震、㋑耐火、㋒階数、㋓住宅の形状、㋔構造、㋕面積などをチェックすることができます。住宅ローン案件が自行庫の融資基準に合っているか、建物は担保となり得るのか確認する際に有効となります。

実際の審査では、現況や登記上の内容と、間取図・立面図とで整合性がとれているか確認することも大切です。

Part1 住宅ローンの基本的な手続き

★間取図と立面図のココをチェックしよう

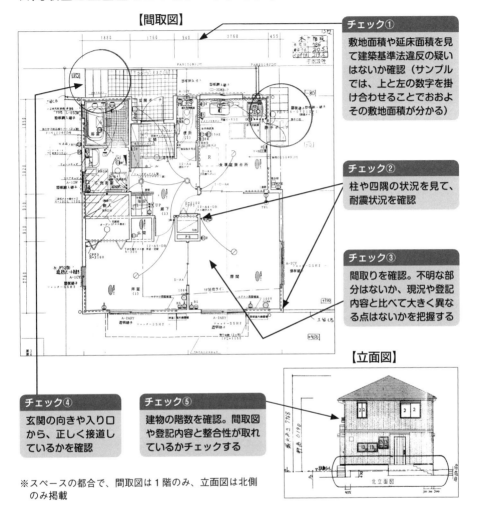

チェック①
敷地面積や延床面積を見て建築基準法違反の疑いはないか確認（サンプルでは、上と左の数字を掛け合わせることでおおよその敷地面積が分かる）

チェック②
柱や四隅の状況を見て、耐震状況を確認

チェック③
間取りを確認。不明な部分はないか、現況や登記内容と比べて大きく異なる点はないかを把握する

チェック④
玄関の向きや入り口から、正しく接道しているかを確認

チェック⑤
建物の階数を確認。間取図や登記内容と整合性が取れているかチェックする

※スペースの都合で、間取図は1階のみ、立面図は北側のみ掲載

⑰（諸費用の）見積書…必要経費の確認書類

物件購入や新築の場合、必ず「見積書」が作成されます。これは、売買における手数料等を含む必要経費を明示したものです。様式は不動産業者ごとに異なりますが、一般的に売買代金（物件価格）、仲介手数料、司法書士への報酬（登記費用）、借入れに関する諸費用──が明示されています。金融機関では見積書を確認し案件の内容やその適正性をチェックします。

●仲介手数料は宅地建物取引業法で定められている

物件価格は金融機関でも広告等で確認していると思いますが、見積書で改めてお客様から聞いていた金額と相違ないか等をチェックしましょう。

仲介手数料は、宅地建物取引業法で定められており、「物件価格の３％＋６万円＋消費税」というケースが多いでしょう。不動産業者によっては、この金額よりも安くしているところもありますが、それとは別に手間賃等を要求している契約もあります。これは業法違反となるので注意しましょう。

司法書士への報酬にも注意が必要です。現状、登記の事務は司法書士が行います。その金額は「登録免許税または印紙税＋司法書士への報酬額」ですが、司法書士への報酬額には決まりがなく、まれに不動産業者と司法書士が結託して不当な請求を行うことがあります。これを防止するために、自行庫で提携している司法書士や、各都道府県の司法書士会が「参考」として提示している金額などを参考に、見積書の数字が不当に高くないか確認します。

ときには内訳を表示せず、ざっくりと金額のみ記載された見積書が提示されることもあります。そうした場合、不動産業者に内訳などのヒアリングを

Part1 住宅ローンの基本的な手続き

行い、不正がないことを確認する必要があります。

★(諸費用の)見積書のココをチェックしよう

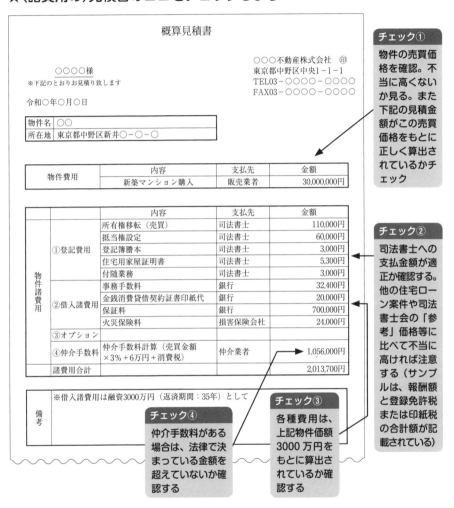

⑱住宅ローン申込書…お客様に記入してもらう書類

住宅ローン申込書は、「事前審査申込書」と「正式申込書」に分かれているケースが多いですが、ここでは正式申込書を取り上げます。

　通常は事前審査に通れば、正式申込書による正式審査も通るといえますが、事前審査と正式審査の間に借入状況等が変動しないとは限りません。そこで、正式申込書で改めて借入内容等を記入してもらい、正式審査を行うわけです。

　正式申込書は審査内容のすべてが読み取れます。住宅ローンは最長で返済期間が35年に及ぶ商品です。お客様の「現在」の年収や勤務先から長期にわたる返済の継続性を読み取ります。そのため正しく記入されているか見ます。

　合わせて、受け取る次の資料で正式申込書の内容が正しいか確認します。
㋐運転免許証や健康保険証……お客様の本人確認および勤務先を確認する
㋑源泉徴収票や確定申告書……申込書に記入された年収が正しいか確認する
㋒勤務先の資料……勤務先の規模や業況等を確認する。また反社会的勢力ではないか、ブラック企業ではないかも確認する
㋓不動産登記簿……申込書の内容と実際の物件の内容が相違ないか確認する
㋔売買契約書や工事請負契約書……住宅ローンを借りる根拠を確認する

●負債についても確認し自行庫で照会を行う

　正式申込書では、特に負債（他の消費性ローン）の確認は重要です。今後借りることになる住宅ローンの返済と合わせて、返済比率（収入に占める返済額の割合）が自行庫の比率に収まるか確認します。

> Part1　住宅ローンの基本的な手続き

　消費性ローンは、正式申込書への記入と合わせて、「個人情報に関する同意書」に記入してもらい、自行庫で信用情報機関に照会をかけて確認するケースが一般的です。

★住宅ローン申込書のココをチェックしよう

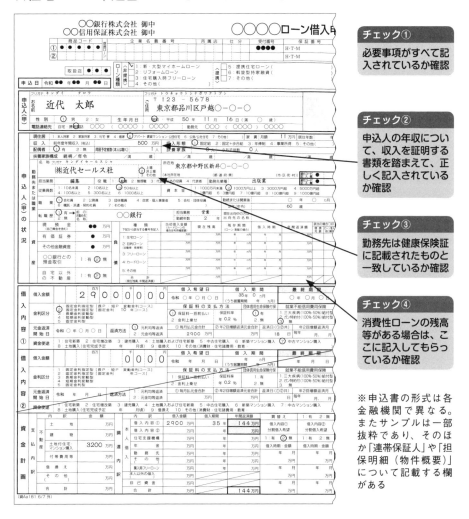

※申込書の形式は各金融機関で異なる。またサンプルは一部抜粋であり、そのほか「連帯保証人」や「担保明細（物件概要）」について記載する欄がある

⑲建物建築計画書…お客様に記入してもらう書類

　どのような建物を建築するのか、お客様が建設業者ときちんと建築（工事）請負契約を締結しているか、そして建物が担保適格物件であるかなどを確認する書類の１つとして、「建物建築計画書」があります。金融機関が土地の取得資金や建物の建築資金の一部を先行して融資する場合、確実に建物が建つこと、およびその建物は建築基準法に適合していることが大前提となります。そのことを確認するために建物建築計画書を提出してもらうのです。

　これは公的な書類ではなく金融機関が独自に用意しているもので、名称は金融機関によって異なりますが、同種の書類を用意しているところが多いと思われます。

　建物建築計画書の作成により、お客様だけでなく、建設業者にも建物を正しく建てることを認めてもらうことで、金融機関は土地資金や建築資金を融資することができるのです。

●建設業者についても問題はないか確認する

　主なチェックポイントとしては、次のとおりです。

㋐施主＝住宅ローン申込者（債務者）であるか

㋑施主が工事請負契約を結んでいるか

㋒建築予定建物は建築基準法に適合しているか

㋓建設業者は反社会的勢力ではないか。過去に施工実績もある、社会的に認知された業者か

　特に、建設業者に問題はないかを見ることが重要です。施主が望んだ建物

Part1 住宅ローンの基本的な手続き

設計ができない業者や反社会的勢力の場合、工事が何らかの理由でストップすると、金融機関が融資金額を回収できない事態が生じる可能性が高いからです。

★建物建築計画書のココをチェックしよう

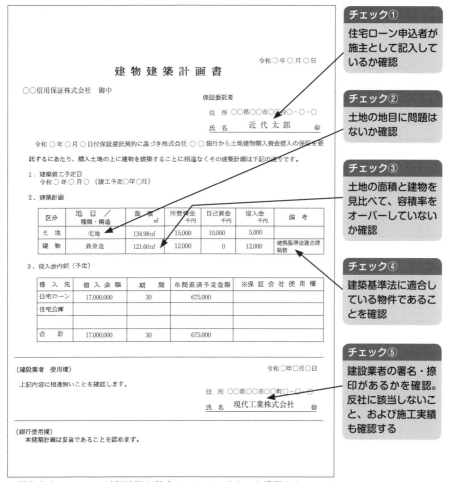

※記入内容について、確認済証と整合しているかどうかも重要となる

⑳団信の申込書…お客様に記入してもらう書類

住宅ローンの借入れを行う場合、「団体信用生命保険」（以下、団信）に加入することがとても重要になります。住宅金融支援機構が取り扱うフラット35は団信への加入は任意ですが、民間金融機関の住宅ローンは一般的に加入することが住宅ローン実行の条件となっています。

　団信は住宅ローンの残高に応じて保障を行う住宅ローン契約者専用の保険で、お客様が死亡等により住宅ローンを返済できなくなった場合、金融機関が立て替え、そこに保険金を充当するような仕組みになっています。

●該当しない場合でもその旨を必ず記入してもらう

　団信の申込書・告知書については、各金融機関で書式が異なると思いますが、受付時には㋐住宅ローンを借りるお客様自身の申告に基づくこと、㋑商品は死亡・高度障害を保障するタイプが基本で、これにプラスして任意で3大疾病や8大疾病等の特約を付けられること──を説明しましょう。

　特に「告知事項」は重要です。一定の病気にかかっていたり、かかったことがあるお客様は、原則団信に加入できません。また、虚偽の申告を行うと保険金が支払われません。お客様自身に正しく記入してもらいます。

　特約に加入するよう誘導したり、告知事項に関する質問を受けた場合（「○○の病気にかかったことがあるけど、告知したほうがよい？」と聞かれた場合など）に金融機関の担当者がアドバイスしたりすることは厳禁です。

　告知事項は一般的に「はい・いいえ」「あり・なし」という選択式になっています。仮に該当しない場合も「いいえ（なし）」にチェックを入れなければ「未記入」となり、取扱いできません。きちんと記入してもらいます。

Part1 住宅ローンの基本的な手続き

★団信の申込書・告知書のココをチェックしよう

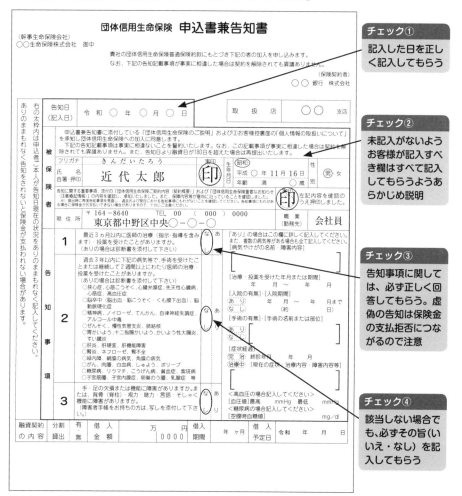

65

Part2
住宅ローン手続き
Q&A

①変動金利と固定金利の説明

Q 住宅ローン相談では、金利で悩むお客様が少なくありません。特に変動金利だと金利上昇が怖いということで、固定金利選択型を選ばれる方もいますが、それでよいのでしょうか。どんな説明を行うべきですか。

A お客様から「変動金利が安いけど、返済額が増えるのが怖い。固定金利型や固定金利選択型がよい」と聞き、「そうですね」などと回答していないでしょうか。もちろんお客様の意向が何より重視されますが、これではお客様が変動金利について十分に理解しているとは考えにくく、金融機関の担当者は十分な説明責任を果たしているとはいえないでしょう。

変動金利は年２回金利を見直しますが、原則として５年間は返済額が変わりません。また５年後に金利が上昇しても、返済額は現状の返済額の125%を超えてはならないというルールもあります。

固定金利選択型にはそのようなルールはなく、固定期間終了後に大きく返済額が増える可能性があります。

また、変動金利は通常、国の政策金利をもとに、各金融機関が収益や市場動向などを踏まえた金利分を上乗せして決められます。つまり、政策金利が変わらない限り、変動金利も変わらないといえるのです（金融機関のほうで

金利優遇幅を広げるなどして変動することはある）。

　一方で、固定金利型・固定金利選択型は金融機関の体力や施策がより反映されるため、基本的に変動金利よりも高めの設定となっており、店頭表示金利も変わりやすいといえます。

　当初の返済額を抑えたい、大きく返済額が増えるのが怖いというお客様については、こうした点を説明して、変動金利も選択肢に入れてもらうことが大切です。

●金利上昇により未払利息が発生するリスクも

　ただし、変動金利は５年間返済額が変わらなくても、半年ごとに返済額に占める元金と利息の割合は変わります。仮に金利が上がれば元金の減少スピードが遅くなるうえ、金利が大きく上がれば、利息分が返済額を超えて未払利息が発生するリスクがあります（未払利息については追加で支払ってもらう必要がある）。固定金利選択型にはそのようなリスクはありません。

　このように両者を比較しながら、それぞれのメリット・デメリットを理解してもらい、お客様に選択してもらうようにすることが金融機関の担当者の役割といえます。

②元利均等・元金均等返済の説明

Q 　住宅ローンを借りるとき、元利均等返済と元金均等返済の違いがよく分からず、どちらを選べばよいか分からないというお客様も少なくありません。それぞれの違いをどう説明すればよいのでしょうか。

A 　住宅ローンを借りるときに、多くの人は元利均等返済を選んでおり、元金均等返済を選ぶ人は少ないのが実状です。低金利である状況では、元利均等返済と元金均等返済で総返済額に大差が見られず、元金均等返済のメリットは薄れているでしょう。

　こうした住宅ローン利用者の傾向を伝えつつ、それぞれの返済方法について具体的なアドバイスをできるようにしておくことも大切です。

　元利均等返済と元金均等返済の違いを説明するときには、２つの返済方法についてシミュレーションを作成し、比較して提案するとお客様は理解しやすいでしょう。

　元利均等返済と元金均等返済を比較すると、総返済額という観点では元金均等返済のほうが得です。これに対して、月々の返済額で見ると、借入当初は元利均等返済のほうが少なくなっています。元金均等返済の月々返済額が元利均等返済よりも下回るのは、借入れから一定期間の経過が必要です。

　実際に返済が始まると、ローン残高や支払いの累計額よりも、月々の返済

額のほうが気になるでしょう。今後、教育費が増える可能性があり、月々の返済額を数万円でも少なくしたいと考えるお客様なら、元利均等返済のほうが向いているかもしれません。また、将来的には収入の増加が期待できるというお客様も元利均等返済が向いているでしょう。

●お客様に合った返済方法をアドバイスする

　一方、比較的年齢が高くなってから住宅を購入する熟年層の場合は、今後収入の増加が見込めず、少しでも早めに元金を減らしたいというニーズもあります。あるいは子供のいない共働きの夫婦など、元金均等返済を選択しても家計にゆとりがあるケースもあります。こうした場合には、元金均等返済のほうがよいでしょう。

　元金均等返済はローン残高の減りが早く、総返済額が少なくて済むというメリットがありますが、具体的にシミュレーションを見て比較すると、それほど大きな差は出ません。むしろ、借入当初の一定期間、月々の返済額を低く抑えられる元利均等返済のほうにメリットを感じるお客様もいます。

　具体的な返済シミュレーションを提示して、将来の家計収支の変化をイメージしてもらいながら、お客様に合った返済方法を選ぶようアドバイスするのがポイントです。

③返済計画の立て方のアドバイス

> **Q** お客様に住宅ローンの返済計画の立て方について聞かれた場合、どのようなアドバイスをすればいいのでしょうか。年間収支のシミュレーションをするには、どんなことをヒアリングすればよいのですか。

A 住宅ローンの借入額を決めるときには、現在支払っている家賃と同程度の月々の返済額に収まるように借入額を設定する人が少なくありません。

ところが、住宅購入後に発生する支出の増加を見込まず返済計画を立ててしまうと、月々の返済額が現在の家賃と同じ程度でも家計が厳しくなる危険性があります。

最後まで無理なく返せる妥当な借入れを考える際には、ローン返済以外の住居費や教育費などによる支出の増加をあらかじめ見込んでおくことが必要です。

●お客様の現在の生活費と貯蓄金額を確認する

返済計画を立てるにあたっては、住宅購入後の年間収支をシミュレーションします。具体的な手順は次のとおりです。

まず、手取り年収を計算しましょう。会社員の場合、基本的に「源泉徴収

Part2 住宅ローン手続きQ＆A

票」と「住民税課税証明書」があれば割り出すことが可能です。源泉徴収票に記載された給与支払金額から社会保険料と所得税を差し引いてください。そこから住民税課税証明書に記載されている住民税を差し引けば、手取り年収が分かります。

　源泉徴収票や住民税課税証明書がなければ、年収の75〜80％相当額を手取り年収として仮定してもよいでしょう。

　次に、お客様が現在負担している家賃や教育費と１年間で貯蓄できた金額をヒアリングします。これらを手取り年収から引けば、現在使っている生活費（生命保険料等を含む）が求められます。

　最後に、現状の生活費を維持しつつ、今後新たにかかる支出も考慮して、住宅購入後も収支が黒字になるか確認します。赤字になる場合は、生活費の見直しを考えてもらいましょう。

　生活費に見直しの余地がなく、収入の増加も期待できない場合は、現在の家賃水準に基づいた借入額の見直しが必要ということです。

　このように、妥当な借入額を導き出す方法をアドバイスできれば、提案力のレベルアップにつながるでしょう。

④保証料の説明

Q 　住宅ローンの保証料とは何ですか。支払方法にはどんなものがあり、お客様にはどんな説明をすればよいのでしょうか。また、保証料不要の商品もありますが、そのほうがお客様にとって得になるのですか。

A 　保証料とは、保証会社に借入れの保証をしてもらうためお客様が保証会社に支払うものです。債務者が返済不能となった場合は、保証会社がローン全額を返済し、お客様は保証会社に自宅の売却資金などで全額返済するという仕組みになります。このような仕組みがあることにより、金融機関は個人のお客様に対して住宅ローンの貸出ができるという実態もあるわけです。

　保証料は、借入額や借入期間、債務者の属性などによって決まります。支払方法は一括払いと利息組込型の２つから選択できます。一括払いでは当初の諸費用が増えますが、返済総額で比較すると利息組込型よりも割安になります。一方で利息組込型は当初の諸費用を抑えることができますが、借入金利に0.2％を上乗せして支払うのが一般的で、返済総額で比較すると一括払いより割高になります。

　繰上げ返済を行った場合、一括払いでは繰上げ返済額に相当する分が戻し保証料として返金されます。ただし、この戻し保証料は当初支払った保証料

Part2 住宅ローン手続きQ&A

よりも少なく返金され、さらに繰上げ返済手数料が差し引かれます。利息組込型では経過分のみを毎月支払っていますので、戻し保証料はありません。

●完済するのが早いほど利息組込型が有利に

保証料については、一括払いと利息組込型のどちらを選んだほうがよいのか、お客様から相談を受けることも多いと思います。これは借入額や返済期間だけではなく、繰上げ返済計画によっても変わりますので単純に比較することは難しいのですが、例えば35年間コツコツと住宅ローンを返済するのであれば一括払いがよいでしょう。しかし、返済の途中に一括完済を考えているような場合、特に完済が早いほど利息組込型のほうが保証料の総額は少なくなります。

現在は、保証料不要の住宅ローンもありますが、その場合は保証料の代わりに事務手数料が高くなるのが大半です。例えば、「借入金額の２％」などとしていることが多く、この場合、2000万円の借入れでは事務手数料が40万円になるうえ、これは借入時の手数料になりますので繰上げ返済しても戻ることはありません。この点には注意してもらいましょう。

75

⑤団体信用生命保険の説明

Q 住宅ローン利用時に必要となる団体信用生命保険とはどんなもので、お客様にどのように説明すればよいのでしょうか。加入手続き時にどんなことに気を付ければよいのかについても教えてください。

A 住宅ローンを利用するとき、お客様は原則として団体信用生命保険（以下、団信）に加入します。団信に加入することで、借入中にお客様が死亡したり高度障害になったときに、保険金で住宅ローンを完済することができます。団信に加入していなければ、お客様が亡くなった時点で残っている元金等を自己資金で返済しなければならないわけです。

団信の加入には、住宅ローンの申込みと同時に告知書兼申込書に告知事項をお客様本人が記入します。直近３ヵ月以内における医師による治療の有無、１年以内における該当する病気の発生や入院などの有無、その入院期間、病名や服用している薬名・容量などを正確に記入してもらいます。

告知内容はセンシティブ情報であり、取扱いには注意が必要です。不明な点等があれば、保険会社によってはお客様がコールセンター等に直接電話で相談することもできます。告知内容も踏まえて加入の可否が決まりますから、判断に困ることがあれば活用してもらいましょう。

告知事項がなければ加入となりますが、あれば保険会社の審査を受けま

す。告知事項によっては、医師の診断書や健康診断結果の提出が必要となりますので、伝えておきましょう。

●審査結果が否認でも借入れが可能な場合も

　団信に加入できるか確認した後、住宅ローンの審査を進めます。告知事項があるときは保険会社の審査結果が出るまで時間がかかることも案内します。

　保険会社の審査結果が否認だった場合、金融機関によってはワイド団信や別の保険会社の団信も案内できます。この場合は保険料の負担が生じるケースが多いため、お客様の意向を確認しましょう。

　否認となっても、連帯保証人をつけ、生命保険金等で返済が可能であるとの状況から保証会社が承諾すれば、団信に非加入でも借入れが可能なケースもあります。

⑥繰上げ返済の説明・アドバイス

Q 　繰上げ返済とはどんな手続きで、どのような効果・注意点があるのでしょうか。また、お客様に対して繰上げ返済の手続き等を説明・アドバイスするときのポイントや留意点はありますか。教えてください。

A 　住宅ローンの返済中に臨時でいくらかまとまった金額を返済することを「繰上げ返済」といいます。これにより、お客様は繰上げ返済額にかかる利息相当分を支払わなくてよくなります。

　繰上げ返済には「返済期間短縮型」と「返済額軽減型」の2つのタイプがあります。

　返済期間短縮型は、毎月の返済額を変えずに返済期間を短縮します。直近の返済額を踏まえて、繰上返済額に相当する元金部分を中抜きし、その分、完済日が前倒しされる仕組みだと考えるとよいでしょう。

　一方、返済額軽減型は返済期間を変えずに毎月の返済額を減額する（残存期間の元金を一律に減額させる）方法です。

　これら2つのタイプを比べると、返済期間を短縮できる返済期間短縮型のほうが利息削減効果が大きくなります。

　どちらを選択するべきかは、お客様の状況に応じて異なります。一概にはいえませんので、最適な方法を選択してもらえるように十分に説明すること

が重要です。

　繰上げ返済は、借入れ後早ければ早いほど、利息削減効果は大きくなります。ただし、住宅ローン控除を受けている場合には、注意が必要です。ローン残高が多いほど、控除額は高くなりますので、場合によっては繰上げ返済を見送ったほうが得することもあります。お客様にはこの点についても考慮してもらうとよいでしょう。

●戻し保証料が発生することも

　繰上げ返済の手続方法は、金融機関によって異なりますが、窓口・インターネット・電話などがあります。有人対応による窓口受付や電話受付では手数料がかかり、インターネットでの受付であれば手数料がかからない金融機関が大半です。

　いずれも返済口座に資金を入金しておくと、あらかじめ申し込んでおいた返済日に、返済口座から自動的に繰上げ返済額が引き落とされる形になります。通常の返済日と繰上げ返済日が同日の場合は、通常の返済額とは別に繰上げ返済額が引き落とされます。また繰上げ返済後には、新しい返済予定表がお客様に郵送されますので、案内しておくとよいでしょう。

　なお、繰上げ返済をした際に、戻し保証料が発生する場合があります（住宅ローンを借り入れた際に保証料を一括で支払った場合）。この戻し保証料にも、保証会社宛ての手数料がかかり、手数料を除いた分が戻ってきますので注意が必要です。分割（利息組込型）で保証料を支払っている場合は、戻し保証料はありません。

⑦住宅ローン控除の説明

Q 住宅ローン控除について、お客様から質問を受けることは少なくありません。お客様に十分に理解してもらうには、どのように説明するとよいですか。また、住宅ローン控除を説明するときには、どのような点に留意すべきか教えてください。

A 住宅ローン控除は、個人が住宅ローンを利用してマイホームを新築または取得・増改築等をした場合に、一定期間、納めた税金が戻ってくる税額控除の制度です。40年以上前から続いている制度ですが、景気の好不況に併せて内容が変更されてきました。

入居の時期によって還付される税額が大きく異なるうえに、数多くの適用要件があるなど制度の内容は複雑です。控除を受けられると思って購入した住宅が実は対象外だったなど、勘違いによるトラブルも少なくありません。

住宅ローン控除はお客様の関心が高く、住宅ローンとセットでよく質問される制度ですので、制度の内容をきちんと把握しておきましょう。

●消費税の課税住宅かどうかや性能により上限が異なる

ここでは、税額優遇や適用要件などをおさらいしておきましょう。

ⓐ還付される税金の額

住宅ローン控除では、原則として10年間にわたり、「年末のローン残高」

Part2 住宅ローン手続きQ&A

または「ローン控除対象残高上限」のいずれか少ないほうの金額の1％相当、かつ納税額の範囲内で所得税から還付されます。所得税から取り戻しきれない分は、住民税からも一定の金額を上限に還付を受けられます。

ややこしいのは、消費税が課税されるかどうかや住宅の性能によってローン控除対象残高上限が異なる点です。

消費税は売主（工事請負業者）が事業者である住宅に課税されるので、新築マンションや新築戸建住宅は課税の対象となります。一方、売主が個人である中古住宅の個人間売買では消費税は課税

図表1　所得税の住宅ローン控除

住宅の種類		ローン控除対象残高上限	1年間の還付税額の上限	10年間の還付税額累計上限
消費税の扱い	住宅の性能			
消費税課税住宅	一般住宅	4000万円	40万円	400万円
	認定長期優良住宅認定低炭素住宅	5000万円	50万円	500万円
消費税非課税住宅	一般住宅	2000万円	20万円	200万円
	認定長期優良住宅認定低炭素住宅	3000万円	30万円	300万円

図表2　住民税の住宅ローン控除

住宅の種類	1年間に住民税から還付を受けられる上限
消費税課税住宅（新築住宅など）	13万6500円（前年の課税所得の7％とどちらか低い金額）
消費税非課税住宅（個人間売買される中古住宅など）	9万7500円（前年の課税所得の5％とどちらか低い金額）

されません。ただし中古住宅でも、事業者が個人から買い取ってリノベーションを行った後に再販する住宅の場合は、売主が事業者なので消費税が課税されます。

消費税が課税される住宅と非課税の住宅で、ローン控除対象残高上限に2000万円の差があります。住宅ローン控除は新築住宅など消費税が課税される住宅のほうが有利であり、一般に流通していない中古住宅など消費税が課税されない住宅のほうが不利といえます。

同じ5000万円の住宅ローンを組んで一般住宅を購入する場合でも、消費税が課税される住宅では4000万円まで控除対象になりますが、課税されな

81

い住宅では2000万円までしか対象となりません。

　１年間に還付される税額は控除対象残高の１％相当ですので、消費税が課税される住宅では上限40万円であり、消費税が課税されない住宅では上限20万円となります。10年間で還付される税額の累計は、それぞれ上限400万円、上限200万円となります。

　なお、一般住宅の場合より、認定長期優良住宅などの場合のほうが還付税額の上限が高くなっています。

　また、所得税が住宅ローン控除の還付税額上限に満たず住民税から還付を受ける場合にも、消費税が課税される住宅のほうが有利になる点にも留意しましょう。

●床面積の要件は登記面積で判断される

ⓑ主な適用要件

　国税庁のホームページでは、住宅ローン控除の詳細を確認できます。改正により要件（図表３）は変わる場合もあるので、お客様の相談に乗る際には、常に最新の要件をチェックしておくことが重要です。

　要件の適用に関して、トラブルが発生することは少なくありません。ここでは、よくあるトラブル事例を紹介します。

　図表３の㋐の要件を巡るよくあるトラブル事例は、引渡しが数年先になる新築マンションを購入した場合です。入居直前に転勤になってしまい、住宅ローンを組んだ本人が引渡しから６ヵ月以内に住めないといった場合、住宅ローン控除は適用されません。ただし、例えば購入した住宅に家族が居住すれば控除を受けられます。

　㋑の要件については、登記面積で判断される点が問題になります。マンションには、パンフレット等に記載される「壁芯面積」と、登記事項証明書

Part2 住宅ローン手続きQ&A

に記載されている「内法面積」の2種類があります（図表4）。よく見られるのが、壁芯面積で判断して要件を満たしていると勘違いしてしまうケースです。

例えば、パンフレットには51㎡と記載されていて住宅ローン控除の対象になると思って買ったマンションが、後になって登記面積が48㎡しかないことを知り、控除を受けられなかったというトラブルがあります。

住宅ローン控除の詳細につ

図表3　主な適用要件

⑦新築または取得の日から6ヵ月以内に居住し、適用を受ける各年の12月31日まで引き続き住んでいること

⑦合計所得金額が3000万円以下であること

⑦住宅の床面積が50平方メートル以上であり、床面積の2分の1以上の部分が自己居住用であること

⑦返済期間10年以上のローンを組んでいること

図表4　壁芯面積と内法面積

壁芯面積	内法面積
▨▨▨ 壁芯面積	▨▨▨ 内法面積
柱や壁の厚みの中心線から計測した床面積	壁で囲まれた内側の床面積

いてはお客様自身で必ず税務署に確認してもらうよう伝えましょう。

なお、平成31年度の税制改正により、住宅ローン控除の制度は一部変更されました。消費税率10%が適用される住宅を取得して、令和元年10月1日から令和2年12月31日までの間に入居した場合には、控除期間が13年になります（10年から3年の延長）。所得税の還付金額は1～10年目は従来どおりの方法が適用され、11～13年目は取得等価格の2%を3分の1した金額と、住宅ローン残高の1%を比べて、低いほうの金額になります。

⑧すまい給付金の説明

> **Q** すまい給付金とは、どのような制度でどのような人が利用できるのですか。給付額や適用条件等について教えてください。また、お客様から利用方法について聞かれた場合には、どのような説明を行えばよいのでしょうか。

A すまい給付金とは、消費税が５％から８％に引き上げられた際に、消費税増税による住宅取得者の負担を緩和するために創設された給付金制度です。平成26年４月以降に引き渡された住宅から、令和３年12月までに引き渡されて入居が完了した住宅までが対象になります。

すまい給付金の給付額は、住宅取得者の収入および持分割合によって決定されます。消費税率が８％のときには最大30万円、10％のときには最大50万円が給付されます。

消費税率が10％の場合は、８％の場合に比べ、給付基礎額の目安となる収入額も高く設定されています。例えば、年収510万円超の人は消費税率８％では給付金の対象外ですが、10％では年収775万円以下なら給付金の対象となります。

●住宅の引渡しを受けてから１年以内に申請

すまい給付金を利用するには、給付対象者に関する要件と住宅に関する要

件を満たす必要があります。

　対象者の要件としては、住宅の所有者であることや、住宅の居住者であること、収入が一定以下であることなどがあります。対象住宅の要件としては、床面積が50㎡以上であることや、第三者機関の検査を受けた住宅であることなどがあります。これらの要件は、取得する住宅が新築か中古であるかなどによっても変わります。

　また利用申請は、住宅を取得した本人が実際に入居したあとに行います。住宅の引渡しを受けてから、1年以内に申請を行う必要があります。

　手続きとしては、住宅取得者かその代理の住宅事業者が、すまい給付金事務局に給付申請書類および確認書類を郵送または持参により提出します。

　お客様には、給付額の目安と合わせて、要件や手続きの流れなどについても説明すると喜ばれるでしょう。

⑨リフォームローンの対応

> **Q** 中古物件の購入や住宅ローンの借換えを検討しているお客様からリフォームローンについて聞かれることが増えています。リフォームローンにはどんな種類があり、どのような特徴・留意点があるのでしょうか。

A リフォームローンとは、住宅の補修等にかかる費用を融資する商品です。お客様の中には、中古住宅の購入や住宅ローンの借換えに合わせてリノベーションやバリアフリー改修・太陽光発電設備設置のためのリフォームを検討する人もおり、そうしたケースでは住宅ローンと一緒にリフォームローンの相談を受けることがあります。

リフォームローンは有担保型と無担保型に分かれます。

有担保型は、無担保型に比べ、㋐審査期間が長い、㋑登記費用や事務手数料が追加で必要になるというデメリットがありますが、㋒金利が低い、㋓住宅の耐用年数にかかわらず借入期間は最長35年とできるというメリットがあります。

近年取扱いが増えている住宅ローン一体型リフォームローンも有担保型です。この場合、住宅に充てる費用（購入・借換えなど）と一緒にリフォーム費用を借り入れることができ、借入金額も例えば現在返済中の住宅ローンにプラスしてリフォーム代金を含み担保掛目300％までの対応が可能となるな

Part2 住宅ローン手続きQ＆A

ど、有利です。

　住宅ローンの借換えを検討するお客様で借換え後の金利が大きく下がるのであれば、プラスしてリフォーム費用を借りても返済額が変わらないこともあります。ただし、借入額が増える分、保証料等が増える点には注意が必要です。

　窓口で受け付ける書類も、見積書・本人確認書類・年収が分かる書類のほか、担保となる物件に関する書類等が必要です。

●無担保型は審査期間が短く諸費用も少ない

　一方、無担保型は「太陽光発電を設置したい」など目的が明確で500万円以下となるリフォームなどで利用されます。有担保型に比べて審査期間が短く、諸費用や事務手数料も少なくてすみます。ただし、金利は有担保型に比べて高く、返済負担も相応に高いといえるでしょう。

　書類も有担保型に比べて少なくてすみますが、見積書・本人確認書類・年収が分かる書類は最低限必要です。

　なお、耐震工事やバリアフリー工事の場合、補助金（給付金）を支給している自治体もあるので、近隣の自治体の制度を調べておくとよいでしょう。

⑩勤続年数が短いお客様への対応

Q 　入社して１年未満など、短い勤続年数のお客様から住宅ローンを申し込まれた場合、そもそも実行することはできるでしょうか。また、審査にあたっては、どのような書類を提出してもらう必要がありますか。

A 　住宅ローンは、一定の勤続年数があることが、融資実行の最低条件といえます。ですから、入社して１年経過していないお客様については、そもそも受付できないというケースもあります。ただし昨今は、勤続年数が短いお客様でも、事情によっては住宅ローンを実行する金融機関もあります。

　まずは、お客様の職歴を確認しましょう。住宅ローンを申し込んでくるのであれば、大学を卒業したばかりの新入社員ではなく、社会人経験があり、転職したばかりで勤続年数が短いと考えられます。

　転職理由も確認します。単に前の会社になじめずに辞めて、今の会社に就職したというような理由では、再び離職する可能性も高いと考えられ、住宅ローン審査ではマイナス要因となります。

　一方で、同種の職業間で転職しており、経験を重ねることで地位が向上するような職種であれば、必ずしも転職が住宅ローン審査にマイナスになるとは限りません。

Part2 住宅ローン手続きQ&A

●入社してからこれまでの給与明細で年収を確認する

次に、収入について確認します。勤続年数が1年未満ということで、通常の住宅ローン審査で用いる源泉徴収票では、年収を確認することはできないでしょう。

この場合、例えば、入社してからこれまでの給与明細を提出してもらい、それをもとに年収を確認することは可能です。給与明細の中に通勤手当など課税対象とならない手当が含まれている場合には、それを除いた金額で年収を計算します。

給与明細や雇用契約書等で入社後一定期間は試用期間があったと確認できる場合、その分の給与については計算に含めず試用期間終了後の給与で計算するようにしましょう。

最後に、勤務先や雇用形態についても確認します。勤務先は、大手企業であればよいでしょう。中小企業であれば、その信用状況を必ずチェックします。勤続年数が短いので、勤務先の信用状況については厳しくチェックすることが必要です。

雇用形態についても、正社員であることが必要だと思われます。できれば、昇給の仕組みや手当等も確認しておくとよいでしょう。

89

⑪夫婦で組む住宅ローンの取扱い

> **Q** 夫婦で住宅ローンを借りたいと言われた場合、住宅ローンを組む方法にはどのようなものがあるのでしょうか。また、住宅ローンの借入れにあたって、お客様にはどのようなことに注意してもらえばよいでしょうか。

 夫婦で住宅ローンを組む場合、基本的に次の3つの方法が考えられます。

㋐夫婦のどちらか一方が借り、もう一方が連帯保証人となる

㋑夫婦で連帯債務者となる

㋒夫婦ペアローン

それぞれの概要やメリットを見ていきましょう。

㋐夫婦のどちらか一方が借り、もう一方が連帯保証人となる

これは、夫婦のうち継続・安定した収入がある一方が主債務者、もう一方が連帯保証人として1本の住宅ローンを借りる方法です。この方法では、連帯保証人となる一方が債務者にならずとも、収入を合算でき、借入額を増やすことができます。ただし、この場合、連帯保証人となる一方は、団信に加入できず、住宅ローン控除を受けられないといった点に注意しましょう。

㋑夫婦で連帯債務者となる

夫婦双方に安定した収入がある場合には、夫婦のうち一方が主債務者、も

Part2 住宅ローン手続きQ&A

う一方が連帯債務者として１本の住宅ローンを借りることができます。この方法では、収入を合算でき、借入額を増やすことが可能です。ただし、夫婦２人が債務者として借入額の全額分の支払い義務を負うことになります。取り扱っていない金融機関もありますので、自行庫について確認しておきましょう。

　団信については、仮に夫（主債務者）が死亡した場合、全額債務免除になるケースと、夫の返済分は免除されるものの妻は自身の借入分を返済しなければならないケースに分かれます。

　フラット35ではこのような借入れを利用している夫婦も少なくありませんが、団信についてはデュエット（夫婦連生団信＝どちらか一方が死亡すれば全額返済免除になる）という制度があります。

　この方法では、夫婦それぞれが住宅ローン控除を受けられます。

●登記費用や事務手数料が２本分かかる

⑦夫婦ペアローン

　夫婦双方に安定した収入がある場合には、夫婦が別々で住宅ローンを組むことも可能です。夫は妻を連帯保証人として、妻は夫を連帯保証人として住宅ローンを組みます。

　この方法では、夫婦それぞれが自らの借入額に対して団信に加入でき、住宅ローン控除を受けられます。

　ただし、この場合、登記費用や事務手数料が２本分かかるといったデメリットがあります。

　⑦～⑦のうち、どれがよいのか、お客様にはよく検討してもらいましょう。

⑫ 2世帯住宅への対応

Q 　最近は2世帯住宅の建築を検討するお客様からの住宅ローン相談が増えています。このような住宅ローン案件に対応する場合の注意点を教えてください。また、2世帯住宅にはどんなメリットがありますか。

A 　2世帯住宅が増えています。その要因としては家計支出が増加しており同居の必要性が増えていること、税制面での優遇メリットがあること、そして住宅建築技術の向上により2世帯住宅でもプライバシーが守られるようになったことなどが考えられます。

　2世帯住宅を対象に住宅ローンを実行する場合、通常は親子の両方が連帯債務者となるのが基本です。子の収入だけでは足りず、親が同居することを条件に親の収入を合算して借入れを行うケースが大半だからです。

　注意点としては、まず親にも収入があるか確認します。親が無収入あるいは年金収入のみであれば案件の取上げには注意が必要です。親が、団信に加入できないような疾病にかかっていないかも確認しましょう。

　親子が連帯債務者となって借りる場合、団信は原則、親子の登記の持分割合までの債務に適用されますが、最大で総借入残高の2分の1まで適用されるという場合もあります。自行庫の取扱いについて理解してもらいましょう。

Part2 住宅ローン手続きＱ＆Ａ

　また、親が死亡した場合の返済見通しにも注意が必要です。親が死亡すれば、団信による保険金が債務の一部に充当されるものの、その後は子が1人で多額の債務を返済していくことになります。この点も踏まえて審査を進めます。

●別々に自宅を建てるより固定資産税等も軽減

　2世帯住宅を検討するお客様に対しては、相談受付時にそのメリットを伝えてあげると喜ばれるでしょう。

　例えば親の所有する土地に自宅を新築する場合、親と子が別々に自宅を建てればそれぞれの物件に固定資産税等が課税されますが、2世帯住宅を建築すれば固定資産税は軽減されると思われます。住宅取得等資金贈与の特例を活用することもでき、相続対策にもつながります。

　また、親が高齢等により自宅をリフォームする必要が生じるケースもあるでしょう。リフォームに合わせて耐震基準を満たしたり、太陽光発電装置を設置したりする工事を行うお客様もいますが、2世帯住宅の建築時にそれらを実行すれば、リフォームに比べて安価に工事・設備設置が行えるというメリットがあります。

⑬定年退職者への対応

> **Q** 現役時代は社宅に居住し、退職して住宅を持ちたいというお客様から住宅ローンの借入申込みがありました。このようなお客様は住宅ローンを借りられるでしょうか。審査を行う場合にはどんな点を確認しますか。

A 　住宅ローンの利用は一定水準以上の安定した収入があることが前提です。収入がない（もしくは公的年金のみの）定年退職後のお客様については、住宅ローンの返済が難しいと判断されることから、通常は新規借入れが難しいでしょう。

　ただし、「何らかの雇用により一定の収入が確保でき、かつ補助的な収入として公的年金がある」ならば、住宅ローンの利用も可能と考えられます。つまり、定年退職後も収入を確保する必要があるということです。

●返済比率や融資比率にも注意する

　具体的には次の2点をチェックしましょう。

㋐給与等の収入

　雇用されている会社から源泉徴収票が発行されている場合は、それを取り受け、収入をチェックします。雇用形態によっては、自身や家族の社会保険料を支払っている可能性があります。このようなケースで確定申告を行って

Part2 住宅ローン手続きQ＆A

いる場合は、確定申告書を提出してもらいましょう。

　お客様が個人事業主であったり、雇用されているものの給与所得以外の所得を得て確定申告を行っている場合も確定申告書を取り受け、所得の合計を収入とみて審査を行います。

ⓘ公的年金の収入

「年金決定通知書」といった公的年金の受給額に関する書類を提出してもらい、その年に支給される年金額を確認します。年齢制限がありますが、その年金額は補助的な収入として、⑦の収入にプラスして審査を行うことが可能です。配偶者に年金収入があれば、これも合算することは可能です。

　つまり定年退職後のお客様の場合、「本人の給与等収入＋本人の年金収入＋配偶者の年金収入＝審査上の収入」とできるわけです。

　そのほか、配偶者以外に収入のある家族はいるかや、お客様自身の就業期限なども確認します。

　住宅ローンは一般的に80歳以上になると借りられません。そのため、定年退職後のお客様が住宅ローンを申し込んできたとすれば、返済期間は長くとれないでしょう。その分、毎月返済額も多くなりがちです。返済比率（年収における返済額の割合）や融資比率（住宅価格に対する借入金の割合）にも注意しましょう。

⑭建替資金への対応

Q 自宅の建替えを考えているお客様から住宅ローンの申込みがありました。この場合、どんなことを確認すればよいですか。また、建物がまだできていない中、特に注意しなければならないことを教えてください。

自宅（戸建）の建替資金を融資するにあたっては、担保適格物件か否か、権利関係や返済能力に問題はないかを検証する必要があります。

まず、担保適格物件か否かについては、次の点を確認します。
㋐公道に接していること
　土地が2メートル以上道路に接しているなどの接道義務を満たしているか確認します。前面道路が第43条但書道路（接道義務を満たしていなくても特例として建築が認められる道路）の場合もあります。この場合、一定の建築条件が設定されていますので、確認しておきましょう。
㋑建ぺい率や容積率をオーバーしていないこと
　建築確認申請資料等で、建替え後の建物は、建ぺい率や容積率をオーバーしていないか確認します。
㋒原則、自己所有であること
　当然ながら、借入人が自宅の所有者であることが求められます。親子2世

Part2 住宅ローン手続きQ＆A

帯住宅や妻と共有する場合も、借入人に持ち分があることが原則となります。

●見積書や工事請負契約書などを確認する

次に、権利関係や返済能力に問題がないか見るポイントとして、ⓐ原則として借入人が住むか、ⓑ借入人に所有権があるか、ⓒ返済比率が自行庫の基準内か、ⓓ投資・賃貸用ではないか、ⓔ融資額が担保評価額内に収まるか──といった点を確認します。

建替えの場合、土地の購入代金まで融資する必要はなく、その一方で担保は「建物＋土地」とするケースが一般的です。担保要件を充足しやすいため、一部クリアできない融資条件があっても、融資が可能となることもあります。

また、建物が完成していないため、工事請負契約書などを確認して建物の担保評価を行うことになりますが、一部不正な金額を記載した工事請負契約書が作成されていることがあります。そこで、見積書と工事請負契約書の金額が合致しているか、付属品等の値段や司法書士への手数料が妥当であるかといったこともチェックすることが必要です。

既存の建物や土地の住宅ローン返済が残っている場合は、その残債分も合わせて融資を行うことになりますので、返済能力等についてより慎重な確認が必要です。

⑮物件が接する道路の確認

Q 　住宅ローンの申込みがあった場合、物件が接する道路についても必ず確認しますが、なぜでしょうか。仮に前面道路の幅がとても狭い場合などには、住宅ローンを実行することができるのでしょうか。

A 　住宅ローンを取り扱う場合、「敷地が建築基準法上の道路に接道している」ことが条件となります。具体的には、幅員４メートル以上の道路に２メートル以上接していなければ、その土地に建物等を建築することが制限されます。

　お客様が住宅ローンを返済できなくなった場合、金融機関は再販による債権回収や、第三者利用等による返済継続を選択することになります。ただし、その土地に建築制限がかかっている場合、再販等が難しくなり、結果的に債権回収に支障を来すことになるのです。ですから、住宅ローン審査においては前面道路や接道の状況を確認することが不可欠なのです。

●建築制限が緩和されている道路もある

　実務上は、建築基準法上の道路に接していないような土地も少なくありません。このような場合でも、次のような道路については、建築等が制限されないこともあります。

㋐第42条２項道路……幅員が４メートルなくても、土地の一部を道路とみなす「セットバック」等を行い４メートル確保できる道路

㋑第43条但書道路……土地が２メートル以上道路に接していなくても、避難や通行上問題がないといった理由で、自治体が建築等を許可している道路

㋒協定道路……例えば、土地が私道と接しており、その私道所有者と私道の利用協定を結んだ道路

　そのほか、自治体のほうで実際に既存住宅の建築や売買があり、建築基準法上の道路と同等とみなされる道路や、旧来より利用され、公に「公衆用道路」として認められて車の往来等が可能な道路についても、建築制限が緩和されていることがあります。

　こうした点は、お客様と不動産業者が契約時に交わす重要事項説明書等に書かれているほか、自治体の役所・役場や建設事務所等でも確認することが可能です。

　なお、大規模宅地等の分譲地で、完成後に接する道路が公道となることが決定しているものの、それまでは建築業者の所有であるなど、公道となっていない場合もあります。この場合も住宅ローンの取扱いは可能ですが、正式に公道となるのか、モニタリングすることが欠かせません。

⑯登記と実測が異なる場合の対応

> **Q** 中古物件の購入費用として住宅ローンを申し込まれました。ただ、土地・建物の面積について、実測図の建物面積と登記上の面積とが異なるようです。この場合、このまま審査を進めてもよいのでしょうか。

A 住宅ローン審査を行う際には、担保となる土地・建物の概要を確認するために、不動産登記簿のほか、測量図・建物配置図などの実測図が必要となります。特に、中古物件や借換えの場合にはこうした書類が欠かせません。不動産登記簿と、実際の物件の面積とが異なることがあるからです。

その原因ですが、物件建築時に計測ミスがあったケースはまれで、実際には次の㋐㋑のいずれかであることが大半です。

㋐増改築した建物があり、それが未登記である

建物が古くなり増改築等を行ったにもかかわらず、登記を変更していない場合などが該当します。

㋑用途地域の変更等により面積が変わったものの、当初の登記面積のまま修正していない

区画整理等により前面道路が広がることになり、土地を一部収用されたにもかかわらず、登記上は修正していないケースなどが該当します。

100

Part2 住宅ローン手続きQ&A

　また、２階建てまでしか認められていない地域に３階建ての建物を建築して、３階部分は「屋根裏部屋」として登記面積に含めていない案件があることもあります。建築後、用途地域に変更があり３階建てを建てられるようになったことから、案件申込時には３階部分も含めた床面積で計算しており、登記上の面積とは異なる形で申込みを受けたわけです。

●登記の修正を依頼することが審査の条件となる

　住宅ローンの審査にあたっては、登記面積と実際の面積とが一致していることが重要となります。ですから、前述した㋐㋑いずれのケースにおいても、登記の修正を依頼することが審査の条件となることを理解しましょう。

　具体的な修正手順は以下のとおりです。

ⓐ相違する理由をまず確認する

ⓑどこが未登記なのか、工事請負契約書や重要事項説明書、建築確認申請書等で確認する

ⓒ登記面積と実測面積のどちらが正しいかを確定する

ⓓ実測面積と登記面積が合うように登記を修正してもらい、面積が確定したうえで審査を行う

　住宅ローン案件では、土地・建物を担保としてとる以上、不備は厳禁で、正しい形で申し込んでもらうようにしましょう。

101

⑰事前審査と正式審査

> **Q** 住宅ローンの審査では、事前審査と正式審査があります。それぞれどのような書類が必要となりますか。また、事前審査で問題ないと判断されても、正式審査で否認されることもあるのは、どうしてでしょうか。

住宅ローンにおける事前審査と、正式審査とでは、審査内容に若干の違いがあります。どのような違いがあるか、具体的に見てみましょう。

事前審査でお客様から取り受ける主な書類は、次のとおりです。

ⓐ本人確認書類
ⓑ個人情報の取扱いに関する同意書
ⓒ源泉徴収票または確定申告書
ⓓ購入物件のチラシなど、または工事請負契約書（事前審査に必要な事項が記載されていれば見積書でもよい）
ⓔ公図や測量図など
ⓕ不動産登記簿謄本（写し）
ⓖ住宅地図

事前審査の場合、一部土地や建物の状況、年収などについて不明な点がある場合でも、推測して審査を進めることがあります。

Part2 住宅ローン手続きQ&A

●正式審査では裏付資料を確認して審査を行う

　一方、正式審査のときにお客様から取り受ける主な必要書類は、次のとおりです。

㋐本人確認書類

㋑個人情報の取扱いに関する同意書

㋒建築確認資料

㋓売買契約書または工事請負契約書（売買の双方、および工事請負業者等の署名押印があるもの）

㋔重要事項説明書

㋕収入証明（源泉徴収票または確定申告書、課税証明書または納税証明書）

㋖公図や測量図など

㋗建物配置図

㋘登記簿謄本（土地・建物）の原本

㋙平面図（間取図）や住宅地図

　物件の内容や自行庫の規定により必要書類は異なりますが、正式審査は事前審査と異なり推測して審査を進めることはなく、きちんと内容を確認します。お客様の収入についても、事前審査では基本的に源泉徴収票をもとに返済比率をクリアしているかを見ますが、正式審査の場合は裏付資料で確認しながら、より細かく収入と返済額を比較し、審査を行っていきます。

　そのほか、建物の建ぺい率や容積率はオーバーしていないか、お客様に税金の滞納はないかといったことも正式審査では確認します。

　こうした調査を進めた結果、問題があることが判明した場合、事前審査ではOKとなっていても正式審査で否認されれば住宅ローンの実行はできなくなります。

⑱事前審査後の条件変更

Q 事前審査を終えたお客様から「借入金額を変えたい」「金利タイプを変えたい」などと言われた場合は、どのように対応すればよいでしょうか。また、条件変更についてはいつまで行うことができますか。

A 事前審査を終えた後にお客様から借入額の変更の申し出を受けた場合には、まず年収に対する返済負担率を確認しましょう。借入額が減る場合は、返済負担率が低くなるため審査には影響しません。事前審査をやり直すことも可能ですが、正式審査の申込時に借入額を減額すればよいでしょう。

一方、借入額増額の場合は、返済負担率が規定内に収まるかを確認します。そのうえで事前審査の申込書に訂正印をもらい、借入額を直したうえで再び事前審査に回します。事前審査をやり直す場合、当初の事前審査結果はなかったものとされますので、お客様にその旨を了承してもらい、進めましょう。

決済日が決まっているためスケジュールに余裕がない場合は、正式審査で対応することも可能です。この場合、審査が通らないと、お客様は決済ができなくなるので、他の金融機関に相談しているのかや、その審査結果はどうなっているのかといったことを確認しておくとよいでしょう。

Part2 住宅ローン手続きQ＆A

なお、減額する場合も返済期間を短くするのであれば、増額の場合と同じように返済負担率に注意が必要となります。また「頭金２割以上で金利が優遇される商品」などの場合、借入額が増えることで提案していた金利が利用不可にならないか、確認する必要があります。

●金銭消費貸借契約を結ぶまで変更することは可能

金利タイプを変更できないか相談された場合には、まずその商品が変更可能なものかよく確認しましょう。変更できない場合もあるからです。

変更できる商品なら、金銭消費貸借契約を結ぶまでであれば可能です。例えば、事前審査では変動金利だったものの最終的に固定金利選択型10年に変える場合、所定の承認を受けることで金利変更登録を行うことができます。

事前審査後の条件変更は、お客様の来店が必要であったり、審査時間がさらにかかったりと、お客様にとっても負担が増えます。

そうならないためにも、事前審査の申込段階で条件に問題ないか、お客様によく確認してもらうことが大切です。この時点で返済額増額の可能性があるなら、最大の借入額で申し込んでもらいましょう。

⑲業者を通じた申込みへの対応

Q 未完成の分譲マンションを購入する予定のお客様から、業者を通じて住宅ローンの申込みがありました。完成は1年以上先ですが、このような申込みを受けた場合、どのように対応すればよいですか。

A 新築分譲マンションの場合、通常は建物完成前に販売が始まり、完成と同時に購入者が順番に入居する形になります。マンション分譲業者（以下、分譲業者）は建築中でも金融機関と提携して住宅ローンを提供し、早期完売を目指します。

住宅ローンの申込みを受け付ける際には、まず分譲業者やマンションについて以下のことを確認しましょう。

㋐分譲業者は自行庫の提携先か……新築分譲マンションは原則として提携ローン対応となる

㋑マンションの価格は妥当か……完成済みの近所のマンションや分譲業者の過去の物件から見て価格の妥当性をチェック。これは売れ残りリスクを発生させないためにも重要となる

㋒マンションについて建築確認上の問題はないか……建築確認申請はとれているか、また（定期借地権など）何らかの条件が付されている場合、その旨が購入希望者に説明されているか等を確認する

106

Part2 住宅ローン手続きQ&A

①販売計画と入居スケジュール……今後の販売計画（各戸について第1期・第2期などと販売時期を分けるのか等）と、購入者の入居予定日を確認する

●マンションへの入居に合わせてローンを実行する

　取扱いに問題がなければ、次に通常の住宅ローンと同じように、購入希望者の審査を行います。

　審査内容は通常の住宅ローンと変わらず、融資金額や物件情報、属性情報（例えば勤務先や年収、職歴、家族構成）などを踏まえて行います。お客様とは金銭消費貸借契約を交わす際に面談することになります。

　ただし分譲マンションの場合、完成が1年以上先となることも多く、住宅ローンの実行もそれだけ先となります。このため、転職の予定についてヒアリングするとともに、転職するなどして属性情報が変わった場合はもう一度審査を行うことを伝えましょう。金利についても、原則として融資実行時（将来）の水準が適用されます。

　金融機関のローン審査がOKとなれば、分譲業者は購入希望者と契約を交わします。

　金融機関はマンションの完成および入居に合わせてローンを実行するというのが基本的な流れとなります。

⑳新規業者が来店した場合の対応

Q ローン窓口に、当行と取引がない不動産業者が来店して、新規の住宅ローン案件を持ち込んできて、当行との取引を希望しています。こうした場合、どのように対応すればよいのでしょうか。何か注意することはありますか。

A 住宅ローン業務において新規業者が来店するということは、自行庫にとって新たな取引先が増えることになり、とてもよいことです。まして新規案件を持参しているのですから飛び付きたいところです。

ただし、その新規業者が反社会的勢力という可能性もありますので、慎重に対応しなければなりません。

主に、次のような点をチェックしましょう。

ⓐ宅地建物取引士証と営業許可証の有無と内容

ⓑ本人確認資料による本人確認

ⓒ業者（会社）の謄本（自店の営業範囲内にあるかの確認も含む）

ⓓ自行庫との取引を希望する理由

ⓔ加盟する協会

ⓕ業者の代表者や役員について、自行庫との取引状況

ⓖ販売方法（売主、仲介、請負、賃貸管理など）

ⓗ従業員数

Part2 住宅ローン手続きQ&A

⑥現在取り扱っている物件

①業者の理念や今回販売する物件のコンセプト

　これらを確認したうえで、代表者と会社の信用状況について、信用調査会社等のデータで確認します。こうした点は、法人の新規口座開設時と同じような審査となるでしょう。

　反社会的勢力であるなど取引できないと判断された場合は、持ち込まれた住宅ローン案件も含めて断ることになります。

●自行庫の営業エリア外にある業者には注意

　特に注意したいのは、⑥自行庫との取引を希望する理由です。場合によっては、自行庫の営業エリア外に本店や営業所がある遠方の業者が新規取引を希望してくる場合もあるからです。

　例えば、お客様の意向で自行庫に来店したのであればよいですが、中にはお客様の意向は無視して業者側に何らかの問題があり、遠く離れた自行庫に案件を持ち込んでくるケースもあるのです。

　大手で全国的に営業をしている業者なら対応可能ですが、地元業者なら次の３つを疑い、場合によっては取引を断りましょう。

⑦業者の営業エリアにある金融機関に案件を持ち込めない理由がある（悪評等）

①過去に犯罪経歴等がある

⑦同業他社が強く、地元ではなかなか案件を取り込めない

㉑借換相談への対応

> **Q** 住宅ローンの借換えを検討するお客様が来店しましたが、どのような書類を提出してもらえばよいですか。また、お客様にどのようなことを確認しておくべきですか。どのような対応を心がけるべきかも教えてください。

　住宅ローンの借換相談時の対応においては、いくつかの書類をお客様に用意してもらうことでメリットを明確に説明することができます。

　まず1つ目は、現在利用している住宅ローンの返済予定表です。これにより現在の借入残高や返済期限・金利・毎月返済額などが分かるうえ、借換後の返済シミュレーションを作成することもできます。

　2つ目は、収入証明です。給与所得者であれば直近の源泉徴収票を、個人事業主であれば直近3期分の確定申告書を用意してもらいます。これにより収入に対して借入額が多くないか確認できます。ちなみに給与所得者の場合は、健康保険証も提示してもらうことで、その資格取得年月日から勤続年数を確認することができます。

　3つ目は、住宅ローン以外の借入れ（カードローンやマイカーローン、教育ローンなど）の返済予定表です。これにより、すべての借入れの年間返済額を把握し、借入限度額を確認しておくのです。

また、口頭での確認となりますが、現在の借入れについて過去に延滞したことがないかも聞いておくとよいでしょう。先に見せてもらえるのであれば、預金通帳から延滞がないかを見ます。一般的に審査では直近1年間に延滞がないかをチェックするのですが、延滞があった場合には審査基準がかなり厳しくなることを伝えておきましょう。

現在利用している住宅ローンが連帯債務でないかも確認します。連帯債務を単独の借入れに借り換える場合、審査のハードルが上がるからです。連帯債務か否か分からなければ、当該契約書や不動産登記簿で確認します。

●お客様のニーズに合うようアドバイス

住宅ローンの借換えは、新規借入れと異なり、お客様にとって初めての借入れではないため、お客様の希望する条件や借り方が明確であることが多くあります。また、新規借入れに比べて借入残高が少ない傾向があります。

お客様のライフプランをしっかり把握し、ニーズに合った返済額や返済方法となるようにアドバイスすることが重要です。

ただ単に金利が下がることをメリットとするのではなく、場合によっては毎月返済額は変えずに早期完済を目指すなどのメリットを提案して、満足してもらえるように努めましょう。

※本誌は、2014年〜2018年に発行された雑誌『バンクビジネス』の記事を一部転載したほか、加筆しております。

・協力／飛騨信用組合理事長　黒木正人／住宅ローンアドバイザー　谷口敬／平井FP事務所
　平井美穂／住宅ローンアドバイザー　山下和之
　その他たくさんの方々にご協力いただきました。
・表紙イラスト／桜井葉子
・表紙デザイン／樋口たまみ

バンクビジネス別冊

［図解］住宅ローンの手続き＆チェックポイント

2019年10月7日　発行

編　者　　バンクビジネス編集部

発行者　　楠　真一郎

発行所　　株式会社近代セールス社

　　　　　http://www.kindai-sales.co.jp
　　　　　〒165-0026 東京都中野区新井2-10-11　ヤシマ1804ビル4階
　　　　　電　話（03）6866 - 7586
　　　　　ＦＡＸ（03）6866 - 7596

印刷・製本　（株）暁印刷

Ⓒ2019 Kindai Sales Co., Ltd.
ISBN978-4-7650-2154-8

乱丁本・落丁本はおとりかえいたします。
本書の一部あるいは全部について、著作者から文書による承諾を得ずにいかなる方法においても
無断で転写・複写することは固く禁じられています。